A Espiritualidade do Luto

Fran Tilton Shelton

A Espiritualidade do Luto

10 práticas simples
para ajudar a seguir em frente

Tradução
Newton Roberval Eichemberg

Editora
Cultrix
SÃO PAULO

Título do original: *The Spirituality of Grief*.

Publicado mediante acordo com Defiore and Company Literary Management, Inc. através da Agência Riff Ltda.

"What Am I Gonna Do (With The Rest Of My Life)"
Letra e Música de Merle Haggard

Obs.: Em língua portuguesa a versão utilizada foi a Bíblia On-line – ARA (Almeida Revista e Atualizada), traduzida por João Ferreira de Almeida, edição de 1993.

Ilustrações interiores por Asa Cole.

1ª edição 2025.

A Editora Cultrix não se responsabiliza por eventuais mudanças ocorridas nos endereços convencionais ou eletrônicos citados neste livro.

Editor: Adilson Silva Ramachandra
Gerente editorial: Roseli de S. Ferraz
Preparação de originais: Carolina Itimura de Camargo
Gerente de produção editorial: Indiara Faria Kayo
Editoração eletrônica: Join Bureau
Revisão: Luciane Gomide

Dados Internacionais de Catalogação na Publicação (CIP)
(Câmara Brasileira do Livro, SP, Brasil)

Shelton, Fran Tilton
A espiritualidade do luto: 10 práticas simples para ajudar a seguir em frente / Fran Tilton Shelton; tradução Newton Roberval Eichemberg. – 1. ed. – São Paulo: Editora Cultrix, 2025.

Título original: The spirituality of grief: ten practices for those who remain

ISBN 978-65-5736-373-7

1. Luto – Aspectos religiosos I. Título.

25-263456 CDD-248.866

Índices para catálogo sistemático:
1. Luto: Vida cristã 248.866
Cibele Maria Dias – Bibliotecária – CRB-8/9427

Rua Dr. Mário Vicente, 368 — 04270-000 — São Paulo, SP –
Fone: (11) 2066-9000
http://www.editoracultrix.com.br
E-mail: atendimento@editoracultrix.com.br
Foi feito o depósito legal.

Sumário

Capítulo 1

Por Onde Começar? Contando a História do seu Luto

Nada pode compensar a ausência de alguém que amamos, e seria errado tentar encontrar uma espécie de substituto. Devemos apenas nos manter firmes e passar por essa dor. Isso parece muito difícil no início, mas, ao mesmo tempo, é um grande consolo, pois a lacuna, enquanto permanecer vazia, preserva os laços entre nós. É absurdo dizer que Deus preenche a lacuna. Deus não a preenche, mas, pelo contrário, a mantém vazia e assim ajuda a preservar a nossa comunhão uns com os outros, mesmo por meio da dor.

– Dietrich Bonhoeffer

Graça e paz. Essas são as primeiras palavras que digo no início dos *workshops* de luto que conduzo. Pronuncio as palavras devagar, enquanto faço contato visual com cada participante. Repito-as com suavidade: graça e paz, graça e paz. Rezo para que as palavras permeiem o silêncio ensurdecedor dos medos, a tristeza acentuada e as perguntas que povoam o grande salão.

Rezo para que a graça e a paz também cheguem até mim. Por meio do meu trabalho com a Faith & Grief – uma organização sem fins lucrativos da qual sou cofundadora, que fornece recursos para confortar aqueles que vivenciaram a morte de uma pessoa amada –, tenho conduzido muitas sessões como essa. No entanto, não importa quantos *workshops* de luto já tenha promovido, sempre fico ansiosa antes do primeiro encontro. Eu me pergunto quem, das famílias ou comunidades dos participantes, morreu e como essas mortes ocorreram. Eu me preocupo com a forma como o grupo irá se relacionar, e me pergunto se os participantes estão prontos para aceitar convites para compartilhar suas histórias com o grupo.

Cada participante já demonstrou coragem. Duas vezes. Primeiro, ao se inscrever para o *workshop*. Segundo, ao comparecer à aula inicial. Para pessoas atormentadas por dores profundas e cruas, esses dois atos podem exigir um tremendo esforço.

Você também está demonstrando coragem ao abrir este livro. Quando uma pessoa amada morre, o que costumava ser uma simples decisão – retornar uma ligação ou não, arrumar a cama ou não, ler este livro ou não – torna-se difícil ou quase impossível. E a escolha pela leitura de um livro que o leve a se aprofundar no assunto do luto, em vez de fugir dele, exige coragem.

Nos *workshops*, prometo que os participantes serão convidados (mas não obrigados) a compartilhar informações pessoais durante o tempo que passarmos juntos. Os únicos requisitos são que eles compareçam a todas as sessões, mantenham as conversas confidenciais, abstenham-se de comparar sua dor com a dos outros, e sintam-se livres para me interromper a qualquer momento para pedir esclarecimentos ou compartilhar um "momento arrá". À medida que ler este livro, você também poderá se envolver com ele conforme desejar. As ideias e práticas contidas nestas páginas não são exigências; são convites.

Em seguida, convido os participantes do *workshop* a lerem em silêncio esta citação atribuída a Isak Dinesen: "Todos os sofrimentos podem ser suportados se os convertermos em uma história ou se contarmos uma história sobre eles".

Um homem de cerca de 70 anos, tentando equilibrar um copo extragrande do Starbucks sobre o joelho, que balança ao ritmo de um batimento cardíaco acelerado, quebra o silêncio. "Ela não é aquela que escreveu a história de *Out of Africa* (*Entre Dois Amores?*)"

"Sim, é ela mesma", eu digo. Também escreveu *Babett's Feast* (*A Festa de Babette*). Sua pergunta é pura graça verbalizada, pois faz outros se sentirem mais confortáveis para falar. Eu pergunto: "Quantos de vocês já viram um ou ambos os filmes?".

Algumas cabeças acenam em afirmação, enquanto outras murmuram que já tinham ouvido falar deles. Uma jovem conta que assistiu à *A Festa de Babette* em uma aula da faculdade. Eu conto ao grupo que Isak Dinesen, pseudônimo da escritora Karen Blixen, tinha 9 anos de idade quando seu pai, infestado de sífilis e deprimido depois de ter tido dois filhos fora do casamento, se enforcou. Sua morte por suicídio mudou a vida dela. O amor que Blixen sentia pelo pai nunca desapareceu, e ela continuou a ansiar por sua companhia e seu afeto pelo resto da vida. Ela também aprendeu que, para carregar o peso deste sofrimento e dos sofrimentos futuros, precisava expressar as experiências, os sentimentos e as questões na forma de uma história.

"Assim como Dinesen compartilhou sua história, vamos começar a fazer o mesmo", digo ao grupo. "Vamos iniciar dizendo o nosso primeiro nome, o nome e o parentesco de nosso falecido ente querido e quando ela ou ele partiu. Vou começar. Meu nome é Fran. Bob, meu marido, morreu em 4 de março de 2018."

Algumas pessoas no grupo começam a compartilhar, e outras não conseguem terminar de falar, conforme a emoção as domina. É um passo difícil dar voz a tal amor, a tal dor, a tal realidade. Para alguns, a parte mais difícil é dizer o nome da pessoa amada. Uma expressão tão simples torna-se uma tarefa complicada.

Uma mulher admite que é bom dizer Brenden, o nome de seu filho, porque isso lhe assegura que ele não será esquecido. Ela se incomoda com o fato de que seus amigos não dizem o nome dele pois temem que isso a deixará triste. "Eles não entendem", diz ela, enxugando as lágrimas. "Como poderia ficar *mais* chateada? Estou sempre pensando nele."

Os nomes são importantes. Eles atribuem nossa identidade a nós. Apelidos comuns ou carinhosos são igualmente significativos, pois nos ancoram aos nossos relacionamentos e até mesmo à linha do tempo de nossa vida. Quando uma pessoa me pergunta sobre meu marido chamando-o de *Gunner*, *Brownie*, *Robert*, *Dean Shelton*, *Presidente Shelton* ou *BobBob*, consigo colocar Bob em determinado lugar, época ou papel.

Pense em todos os nomes pelos quais amigos e parentes chamavam seu ente querido. Como esses nomes refletem diferentes partes de sua vida e história? E de que forma dizer o nome dessa pessoa querida pode ajudar você a aprender, com o tempo, a carregar seu sofrimento?

Escrevi este livro com o propósito de orientá-lo, para que aprenda a contar sua história de amor e de luto. Espero que ele possa ser um companheiro durante um momento que talvez seja tão devastador e aterrorizante, e solitário e angustiante, que faça você se perguntar se um dia conseguirá sequer respirar de novo. Compartilhar nossas histórias de luto é uma maneira de navegar as ondas de tristeza que nos invadem depois que uma pessoa amada morre. Essas ondas podem ser tão imensas e poderosas que, em meio a elas, podemos sentir que ficaremos presos na correnteza para sempre. No entanto, com prática, podemos começar a discernir o padrão inerente às ondas: a aproximação, a ascensão, a crista, a quebra e, finalmente, a forma como elas se estabilizam. Podemos começar a acreditar que, em algum momento, a onda de tristeza acabará por nos levar à terra firme.

Este livro não foi planejado para ajudá-lo a "seguir em frente" ou a "se desapegar" ou a "encontrar um desfecho". Em vez disso, ele foi desenvolvido para lhe oferecer um apoio, assim como para sustentar sua conexão com seu ente querido.

Ele expandirá seu coração, de maneira que creia que ainda existe terreno estável e sólido sob os maremotos do luto. Esta obra o ajudará a encontrar o seu chão. E o ajudará a carregar o peso do seu luto.

Como Podemos Carregar Nosso Sofrimento?

Para algumas pessoas, em especial aquelas que vivenciam o luto como uma dor crua, o conceito de aprender a carregar nosso sofrimento é algo novo e até insuportável. Quando Isak Dinesen diz que "Todos os sofrimentos podem ser suportados", talvez nos perguntemos se ela está dizendo a verdade. A palavra *suportar* vem de uma palavra hebraica que significa "levantar" ou "carregar". Se uma pessoa que você ama faleceu há pouco tempo, a ideia de carregar seu sofrimento parece impossível. O simples ato de carregar o lixo para fora pode consumir todas as suas forças nesses dias. Como você poderia começar a carregar o peso desse luto imenso e inabalável?

Quando suportamos nosso sofrimento, no entanto, não apenas carregamos a tristeza da morte de uma pessoa amada, mas também todas as histórias de sua vida. Ao contar nossas histórias de luto, descobrimos uma força interior que nos permite levantar ou carregar nosso sofrimento, em vez de deixar que ele nos derrube.

Muitas pessoas experimentam um desejo visceral de superar a dor, de andar por aí ou de ignorar o sofrimento em vez de carregá-lo consigo. Quando Ron compareceu a um de nossos *workshops* de fé e luto, fazia cinco meses que sua esposa havia falecido. Ele estava desapontado com o fato de que a filha, sendo sua filha única, não conversava com ele a respeito do luto que estava enfrentando. Mas na mesa de credenciamento para o *workshop*, ele manifestou algo semelhante à indisposição da filha para falar. "Eu só quero superar isso e seguir em frente", disse ele.

Eu só quero superar isso e seguir em frente: muitas pessoas que enfrentam a dor se sentem como Ron e a filha. Embora ele quisesse falar sobre seu luto compartilhado e ela não quisesse, os dois só queriam "superar isso e seguir em frente". Tais desejos surgem dos instintos de autopreservação e sobrevivência. Nós não queremos sofrer mais do que já estamos sofrendo. No entanto, verdade seja dita, é impossível sofrer mais do que já estamos sofrendo.

A espiritualidade e a fé oferecem caminhos importantes para carregar nosso sofrimento. Quando abrimos o coração para a sabedoria oferecida por tradições espirituais e religiosas ao longo de toda a história, aprendemos que suportar o sofrimento nos levará por caminhos que talvez não tenhamos percorrido antes. Enquanto seguimos esses caminhos, pouco a pouco encontramos *insights* sobre o mistério de um amor que sobrevive além da morte, a paciência, a compaixão, a solidariedade, a humildade e a gratidão.

No trabalho da Faith & Grief, reconhecemos a fé como uma fonte de conforto e de força em tempos de luto. Todas as tradições de fé valorizam o luto e a lamentação e oferecem práticas para nos sustentar e nos consolar. Descobrimos que o luto é, ao mesmo tempo, um nivelador e um unificador, reunindo pessoas de tradições de fé e contextos culturais diversos. Embora eu escreva como cristã, você verá diferentes tradições de fé refletidas neste livro. *Workshops* de luto reúnem pessoas de diferentes religiões para compartilharem suas histórias e vivenciarem uma comunidade. Muitas vezes ouvimos pessoas declarando como as práticas espirituais dão conforto e esperança àqueles que ficaram.

O Salmo 23 das Escrituras Hebraicas nos assegura que: "Ainda que eu ande pelo vale da sombra da morte, não temerei mal nenhum, porque tu estás comigo; o teu bordão e o teu cajado me consolam". O salmista não evita caminhar pelo vale mais escuro graças a uma confiança permanente de que Deus caminhará ao lado dele. Caminhar *pelo* vale é, ao mesmo tempo, uma descrição do luto e uma recomendação para atravessá-lo – passo a passo. Mesmo enquanto adultos, podemos nos sentir intimidados ou ainda ter medos infantis da escuridão. Não conseguimos ver onde pisar; ficamos ansiosos, supondo que algum objeto invisível nos fará tropeçar ao longo do caminho ou que ficaremos atolados em um pântano lamacento.

Lembre-se de que não há prazo determinado para o luto. Não existe um atalho, nem uma via espiritual secundária. O desfiladeiro ou vale que se forma dentro de nós quando um ente querido morre nunca desaparece. O sofrimento que fixou residência dentro de nós desde a morte dessa pessoa amada nunca se dissipará. Pelo contrário, por meio da graça e da misericórdia de Deus, aprendemos a carregar nosso amor por eles e o amor deles por nós para sempre.

Neste livro, descobriremos maneiras significativas e espirituais de "preservar a nossa comunhão", como escreveu Dietrich Bonhoeffer. Cada capítulo será focado em uma questão central que o luto nos traz e uma prática espiritual que pode nos ajudar a carregar o sofrimento. Você pode experimentar essas práticas espirituais, independentemente de sua fé ou tradição religiosa. Eu ofereço essas práticas não com o intuito de ajudá-lo a "superar" o seu luto, ou a "seguir em frente", ou mesmo de "curá-lo". Elas não foram desenvolvidas para substituir o seu luto por algo diferente. Como disse Bonhoeffer: "Nada pode compensar a ausência de alguém que amamos". Em vez disso, pense nestas práticas como recipientes para o seu sofrimento – algo dentro do qual você poderia colocar seu sofrimento, para carregá-lo com mais facilidade.

Por que Contar Nossas Histórias de Luto?

Psicólogos, neurocientistas e pesquisadores em campos correlatos aprenderam que um vínculo de esperança é criado entre nós quando contamos e ouvimos histórias. Ouvir e ler histórias estimula a liberação dos hormônios oxitocina e cortisol. A oxitocina controla respostas como a empatia e a interação social. O cortisol está conectado à redução do estresse.

A liberação desses hormônios nos capacita para enfrentar o futuro, cheio de circunstâncias desconhecidas, sem o apoio físico e emocional dos nossos entes queridos que se foram. Anos atrás, ouvi um participante de um *workshop* dizer: "Contar a minha história e ter meus sentimentos validados remove grande parte do medo do luto". De maneira semelhante, uma mulher cuja mãe morreu de glioblastoma disse: "Me sinto mais forte só de ouvir as vivências de outras pessoas. Elas me ajudam a acreditar que eu também posso lidar com isso".

Allan Hugh Cole Jr., teólogo, professor e autor do livro *Good Mourning: Getting Through Your* [O Bom Luto: Abrindo Caminho em Sua Dor], enfatiza a importância de contar, recontar ou ensaiar a própria história. Ele fornece uma imagem do poder de cura que a história tem. A palavra *hearse* (carro funerário), segundo ele – um veículo usado para transportar o cadáver de uma pessoa em um caixão para um funeral e o cemitério – vem da palavra latina *hirpex*, que significa "rastelo".

Um rastelo é uma ferramenta confiável, com dentes, semelhante a um ancinho. Os jardineiros valorizam o rastelo porque ele os ajuda a cultivar e quebrar o solo para iniciar uma nova plantação em seus canteiros de flores e hortaliças. Cole compara a narração de nosso sofrimento pessoal ao trabalho de um rastelo. Cada vez que contamos – ou *ensaiamos* – nossa história, estamos cultivando o próprio solo metafórico de nossa alma, quebrando o barro duro das emoções alojadas no coração para que algo novo possa brotar.

Se não tivermos plena consciência do que estamos fazendo, tendemos a ensaiar certas partes de nossa história. Contamos e recontamos as partes que estamos tentando reconciliar com as outras partes de nossa história geral. É importante encontrar pessoas – como um amigo, conselheiro, líder de grupo de luto, diretor espiritual ou rabino, padre, pastor ou imame – que compreendam a importância de ensaiar sua história.

De volta ao *workshop* de luto, enquanto descrevia a importância de contar nossas histórias, uma mulher se manifestou rapidamente. "Eu não quero uma nova vida!", disse ela ao grupo. "Eu quero minha antiga vida de volta com meu marido. E vou gritar se mais algúem me disser que devo me acostumar com um 'novo normal'." Gesticulou aspas no ar com os dedos. "Na verdade, sou capaz até de socar a cara dessa pessoa."

Todos deram risada e alguns levantaram os punhos em solidariedade. Às vezes, as pessoas ficam surpresas com o tanto de risadas que ocorrem em um círculo de narração de histórias. Experimentar esses momentos me faz apreciar mais o trabalho da oxitocina e do cortisol. O riso pode nos deixar livres para liberar uma quantidade imensurável de tristeza e reabastecer o corpo com endorfinas.

O desejo de ter nossa vida de volta, "como era antes", é real. O desejo de nossos amigos de nos ajudar a alcançar um "novo normal" também é real. Mesmo que esses desejos não possam ser satisfeitos, nós ansiamos por eles. E com cada relato de nossa história, medidas de cura *de fato* acontecem. Ao ensaiar a narração de nossa história, o solo rochoso do ressentimento pode ser revirado para receber as sementes de uma cultura nova. O solo aluvial inundado por lágrimas de tristeza pode receber o ar e a luz necessários; o caliche, ou camada sedimentar dura, pode ser quebrado e amaciado para evitar que se calcifique.

No entanto, ensaiar histórias não é uma pílula mágica. Cada narração exige coragem e confiança. Cada narração pode variar nos detalhes, de acordo com as partes da história que precisamos processar. Quanto mais oportunidades de contar e ensaiar a história, maior será a cura. Quanto mais pudermos contar nossas histórias, mas fácil será carregar nosso amor.

A cura requer muitas narrações da própria história, e por isso amigos, familiares e colegas às vezes se cansam de ouvir as repetições. Talvez cheguem ao ponto de dizer algo ousado ou insensível, como "Você já me contou essa história", ou "De novo?" ou "Quando você vai superar isso?".

Seus amigos têm boas intenções; eles apenas não entendem! Continue contando a sua história. Repito: se necessário, encontre um profissional para ajudá-lo a processar o seu luto. Você e sua história de luto valem a pena.

Quando meu marido foi diagnosticado com demência vascular e doença de Alzheimer, ele pediu para que eu não contasse a ninguém, inclusive a seus filhos adultos. Sem demora, logo fiz uma consulta com Mary, uma terapeuta profissional. Mary é legalmente cega, o que acredito que aumenta sua capacidade de ouvir as histórias que seus clientes contam. Ela não via meu tsunami de lágrimas, mas ouvia minhas histórias com compaixão, semana após semana.

Mary me ouviu falar da raiva que senti da neurologista de Bob quando nos informou seu diagnóstico e sugeriu que ele se exercitasse mais. (Bob caminhava cinco quilômetros por dia e, em caso de mau tempo, andava na esteira por uma hora.) Mais? Ela escutou quando contei sobre o medo que congelou meu sangue quando Bob se perdeu um dia. Ela escutou quando contei o quanto significou para mim a vez que um vendedor simpático me ensinou a dar um nó de gravata, para que eu pudesse vestir Bob para o funeral de sua irmã. Ela escutou quando contei que, no dia seguinte ao funeral de Bob, quebrei um dente, e isso me levou a meses de tratamento odontológico e a não consegui sorrir, no sentido literal, durante nove meses após a morte de Bob. Mary escutava enquanto minhas lágrimas surgiam e ressurgiam, conforme eu ensaiava meu luto e meu amor.

Você não está sozinho nesta jornada. As práticas espirituais que apresento neste livro e as conexões com outras pessoas que perderam entes queridos podem ajudá-lo a navegar as ondas do luto.

Aprendendo a Respirar

Depois que uma pessoa amada morre, muitas pessoas relatam o sentimento de ter perdido o fôlego. Após a morte inesperada do filho de minha avó, meu tio, ela disse: "Desde a morte de Rudy, não consigo mais respirar fundo".

A medicina tradicional chinesa tem uma visão holística da mente e do corpo. Essa tradição reconhece que o luto e a tristeza afetam diretamente os pulmões. Quando os indivíduos são incapazes de expressar emoções ou estão sobrecarregados por elas, seus pulmões enfraquecem, comprometendo a respiração. Normalmente, isso se manifesta como dificuldade para respirar fundo ou a sensação de que algo está excercendo pressão sobre seu peito. Algumas pessoas têm surtos de asma, alergias ou bronquite em momentos de sofrimento. Talvez alguns desses sintomas soem verdadeiros para você. Apenas respirar durante o luto é mais difícil do que as pessoas pensam.

"Quando a respiração está instável, tudo fica instável. Quando a respiração está tranquila, tudo fica tranquilo": essa é uma frase de sabedoria comumente atribuída a um sábio chamado Goraksha, que viveu na Índia no século IX ou X. "Controle a respiração com cuidado. A inspiração propicia força e um corpo controlado; a retenção concede estabilidade mental e longevidade; e a expiração purifica o corpo e o espírito."

No seminário, eu era fascinada pelo confuso e difícil idioma hebraico e pela precisão do grego. Meu fascínio aumentou quando descobri que tanto a palavra hebraica *ruach* como a palavra grega *pneuma* (como em pneumático) podem ser traduzidas como "espírito" ou "respiração".

Uma prática espiritual denominada oração respiratória pode ajudá-lo a rastelar o solo, quebrando torrões e arejando o chão de suas mágoas. Nos tempos em que você não tem certeza se consegue lidar com o luto, respire. Uma oração respiratória pode ajudá-lo a fazer a transição de um estado de ansiedade para um lugar de paz.

A oração respiratória tem sido praticada pelo menos desde o século XIX, mais notavelmente em *The Way of a Pilgrim*

(*Relatos de Um Peregrino Russo*), impresso pela primeira vez em 1891. É a história de um camponês russo que estava curioso a respeito da ordem do apóstolo Paulo dirigido aos fiéis da igreja primitiva, "orai sem cessar" (1 *Tessalonicenses* 5:17). O andarilho viajou de um lugar para outro, buscando conselhos de estudiosos, sacerdotes e sábios sobre como orar sem cessar. Por fim, um homem sábio desvendou o mistério para o peregrino. "Respire", disse o sábio. Respirar é a única coisa que fazemos sem pensar e (na maior parte do tempo) sem dor.

O peregrino começou a pensar, prestar atenção e perceber o ritmo de sua respiração. Começou a praticar um padrão de oração, que passou a ser famosa, conhecida como "A Oração de Jesus". A cada inspiração, ele orava em silêncio: "Jesus Cristo, Filho de Deus", e expirava, orando: "tem piedade de mim, um pecador". Ele continuou suas viagens enquanto respirava essa oração.

Muitas tradições de fé contêm orações curtas que podem ser usadas como orações respiratórias. Ao aprender e praticar a oração respiratória, talvez ela o ajude a carregar o peso do luto.

Prática Espiritual

Oração Respiratória

Comece a oração respiratória visualizando e sentindo o amor reconfortante e a respiração de Deus entrando em seu corpo e expandindo seus pulmões. Por meio da respiração, Deus, em toda Sua graça, fornece-nos o elemento essencial de que precisamos para existir.

- Comece observando a própria respiração. Não é necessário mudar seu padrão. Apenas observe.

- Permita que cada expiração libere a tensão retida em seu corpo – começando pela testa, bochechas e ombros e movendo-se até os dedos dos pés.

- Quando estiver relaxado, inspire pelo nariz e conte até quatro, prenda a respiração contando até quatro e, em seguida, expire pela boca contando até quatro.

- Agora, adicione a oração. Você pode usar uma oração curta da sua tradição religiosa. Ou experimente esta:

  Inspire, *orando em silêncio:*

  Criador da vida e do amor,

  Segure*:*

  [visualize as pessoas que você ama]

  Expire, *orando em silêncio:*

  Conforta e fortalece-me.

- Quando sua mente divagar (pois a mente é programada para fazer isso!), apenas volte a praticar a oração com sua inspiração seguinte.

- Escreva sobre sua experiência com a oração respiratória. Com que sentimentos você se deparou? Que pensamentos percorreram sua mente?

Capítulo 2

O Que é o Luto? Definição dos Termos

O luto é um maremoto que nos arrebata, nos esmaga com uma força inimaginável, nos varre para dentro de sua escuridão, onde somos lançados contra superfícies não identificáveis, apenas para sermos despejados em uma praia desconhecida, machucados, remodelados... O luto é as cinzas das quais surge a fênix e o ânimo do renascimento. Ele dá vida aos mortos vivos. Nos ensina que não existe nada que seja absolutamente verdadeiro ou falso... O luto nos transforma em uma nova pessoa, se ele não nos matar no processo.

– Stephanie Ericsson

Nos primeiros *workshops* de luto que realizamos por meio da Faith & Grief, partíamos direto para as dinâmicas e as emoções do luto. Felizmente, em um dos *workshops*, um cavalheiro nos acenou com os braços para que parássemos. "Ei, ei, espere um minuto. Que diabo é essa coisa de 'luto'? O que é 'pesar'? O que está acontecendo comigo? Eu quero que vocês comecem por aí." Outros participantes concordaram com ele.

Dedicar um tempo definindo termos como "luto" serve a vários propósitos. Esse termo nos empodera ao transformar em palavras o conteúdo que rodopia em nosso coração e nossa mente. Também nos ajuda a descartar os comentários desagradáveis vindos de pessoas bem-intencionadas e o número imensurável de eufemismos que proporcionam apenas um conforto artificial. Muitos de nós já ouvimos coisas como: "Lamento muito pelo falecimento de sua mãe" ou "Ainda bem que ela está em um lugar melhor" ou "Pelo menos ela não está mais sofrendo". A maior parte dos eufemismos são bem-intencionados. Nenhum deles reflete a realidade.

Uma jovem cujo pai morreu recentemente disse em um *workshop*: "Tantas pessoas me disseram que 'lamentam pela minha perda'". Ela fez uma pausa e olhou ao redor com os olhos arregalados. "Hum, meu pai não está *perdido*. Acredite: se estivesse, eu estaria procurando por ele. Ele está *morto*!"

Muitas pessoas concordaram com a cabeça. "Quando as pessoas dizem coisas assim, isso deixa um gosto muito ruim na minha boca", ela continuou. "É como tomar aquele último gole de suco de laranja depois de escovar os dentes."

Perda, *pesar*, *sofrimento*, *lamentação*: tentamos colocar tantas palavras em torno da experiência do luto! Para aquela jovem, a *perda* parecia diminuir ou minimizar, em vez de contar a verdade a respeito da morte de seu pai. Embora seja difícil colocar palavras em torno da imensidão do que vivenciamos quando um ente querido morre, podemos chegar mais perto de compreender uns aos outros quando usamos as palavras com cuidado.

Um de meus professores no seminário me ensinou uma lição de valor inestimável: sempre defina seus termos. Ainda posso ouvir seu sotaque escocês, cativante e impositivo, instruindo a classe. "Escreva sua própria definição de termos", ele insistia. "Não use, em hipótese alguma, o *Merriam-Webster*!" Todo escritor deve ao seu público uma definição dos termos. Essa prática, explicou meu professor, demonstra que o escritor conhece o assunto e reconhece que há outras interpretações.

Fornecer definições é importante sobretudo quando os escritores estão lidando com tópicos pessoais e matizados, como o luto. Tendo em vista que nossas experiências pessoais são moldadas pela cultura e pela fé, vou compartilhar sete definições principais para estabelecer um consenso. Minhas definições de luto (em sentido amplo), luto antecipatório, luto complicado, pesar, luto privado de direitos, perda e lamentação vêm de minhas experiências pessoais, estudos e um pouco de criatividade. Estou tomando a liberdade de pintar algumas imagens com palavras para ajudá-lo a entender esses termos-chave.

Recomendo que você escreva suas próprias definições para esses termos. Definir termos pode ser um processo catártico, e anotar suas definições pode orientá-lo a descobrir o que você acredita ser verdadeiro nas palavras que usamos. Não se preocupe em obter definições exatas ou perfeitas, porque não existem definições exatas ou perfeitas. Como disse Stephanie Ericsson, e como você já sabe muito bem: o luto é um maremoto. É poderoso, assustador e muda de forma. Vamos examinar mais tarde essa imagem do luto como uma onda. Por enquanto, apenas lembre-se de que aprender a navegar as ondas do luto é mais importante do que acertar com precisão as palavras relacionadas a ele.

Luto em Sentido Amplo

Em inglês, a palavra *grief*, ou luto, vem da palavra francesa *greve*, ou "fardo". O luto é uma resposta involuntária e arrebatadora – emocional, física, social e espiritual – à separação de uma pessoa ou de uma coisa que confira significado a um indivíduo. Por exemplo, o fim de relacionamento, de uma vocação ou de uma localização. É um fardo sobre o nosso ser em si.

O luto abrange nossa resposta à morte de uma pessoa amada. Ele também se refere aos sentimentos que ocorrem na sequência de muitos outros tipos de eventos capazes de mudar nossa vida. Minhas experiências de luto são diversificadas, e é provável que as suas também sejam. Aos 5 anos de idade, estava ao lado de minha avó e ela chorava. Olhávamos para o seu exuberante quintal por uma janela do segundo andar, enquanto potenciais compradores discutiam um possível contrato para adquirir a casa – um contrato que restauraria a solvência financeira aos meus avós. Outra vez, vi meu pai entrar pela porta da frente depois de ter sido preso por dirigir embriagado. Certa manhã, acordei com a notícia de que minha melhor amiga e a mãe dela haviam morrido em um acidente de carro. Certo dia um médico me disse que meu pai não tinha sobrevivido à cirurgia, e outro dia tive de declarar insolvência civil e falência corporativa. Fui reprovada em meu primeiro exame oral para ordenação. Vi minha avó, outrora grandiosa e imponente, definhar e morrer. Eu fiquei estupefata e muda ao saber que meu marido fora diagnosticado com demência vascular e doença de Alzheimer. Todas essas situações evocaram luto.

Em muitos *workshops* sobre luto, os participantes são encorajados a fazer um inventário da variedade de lutos que já experimentaram. Reserve algum tempo para refletir sobre as ocasiões em que você caminhou por vales de luto. Talvez tenha sido a perda de um emprego, um divórcio, uma catástrofe natural, uma lesão física, um sonho fracassado ou um diagnóstico médico. Que força interior, mudança de perspectiva ou sabedoria você adquiriu no vale? Como você lidou com isso?

Um inventário do luto fornece a percepção de que você, pela graça, conseguiu enfrentar eventos traumáticos do passado e ainda está de pé. Com reflexão, podemos reconhecer que não apenas ainda estamos de pé (talvez estejamos até um pouco mais fortes), como também cultivamos maior compaixão por outras pessoas e uma sabedoria inatingível sem sofrimento.

Embora o sofrimento que veio à sua mente relacionado a um evento passado provavelmente não seja, nem de perto, da magnitude da morte de um ente querido – a menos que também tenha sido uma morte –, esse acontecimento é, no entanto, parte da sua história. Essas experiências passadas de luto são trampolins nesse vale de sofrimento presente.

Luto Antecipatório

O *luto antecipatório* é semelhante ao luto em sentido amplo, exceto pelo fato de que ocorre *antes* do fim de um relacionamento, de um emprego ou de uma mudança geográfica. As pessoas também experimentam o luto antecipatório enquanto esperam pela amputação de um membro ou pelo transplante de um órgão. O luto antecipatório carrega reações emocionais e comportamentais semelhantes às do luto; no entanto, emoções como tristeza, medo e esperança em geral são intensificadas. Uma amiga que estava esperando por um transplante de pulmão foi tomada pela tristeza sabendo que a morte viria para uma pessoa, e para a família dessa pessoa, para que ela pudesse viver. O medo se expande à medida que tentamos imaginar como será o futuro.

O luto antecipatório também pode ser conhecido como *luto de ansiedade*. A ansiedade é sempre orientada para o futuro e envolve imaginar possibilidades futuras. Recentemente, uma mulher compartilhou o fato de que, *antes* de seu marido ter sido diagnosticado com uma doença terminal, eles conversavam sem dificuldade sobre o que fariam em inúmeros cenários hipotéticos futuros. *Depois* do diagnóstico, no entanto, eles não conseguiam mais falar abertamente sobre suas circunstâncias. Ela estava cheia de ansiedade. Essas situações imaginárias e ansiedades vêm na forma de perguntas que são modeladas pelas circunstâncias.

Após um diagnóstico médico: "E se o tratamento não funcionar ou se eu não entrar no ensaio clínico? Será que algum dia serei saudável de novo? Posso manter meu emprego? O que acontecerá se eu adquirir uma deficiência? Como raios eu vou pagar essas despesas médicas?".

Como categoria, o luto antecipatório chegou à linha de frente por conta dos avanços médicos e farmacêuticos que mudaram alguns diagnósticos terminais, transformando-os em doenças gerenciáveis, mas não em doenças curáveis, ainda. Com esses avanços, indivíduos podem desfrutar de mais tempo com a família e os amigos antes de partirem, mas têm plena consciência de que a morte está vindo. Com esse tempo, vem uma pergunta tácita de luto antecipatório: "Quanto tempo?".

Há pesquisas em andamento que se empenham em compreender melhor as respostas emocionais intensificadas que se associam ao luto antecipatório. Um estudo sueco concentrou-se em cuidadores que tinham familiares em cuidados paliativos. O instrumento de teste, que ainda precisa de validação, revelou que 40% das cuidadoras do sexo feminino declararam que o luto antecipatório era "mais estressante" do que o luto que ocorria depois da morte de um ente querido. Eu me identifico muito com essas mulheres. Sendo sincera, fiquei surpresa com o fato de que a percentagem não seja mais alta. Quando meu marido não quis contar aos filhos que fora diagnosticado com demência vascular e doença de Alzheimer, meu nível de estresse disparou. Ele se lembrou do trauma que eles sofreram trinta anos antes, quando a mãe foi diagnosticada com câncer, que mais tarde levou à sua morte, e ele se esforçou para protegê-los da dor de saberem de sua doença enquanto pôde.

Lamentavelmente, o luto antecipatório não substitui o luto ou um processo de lamentação. Em vez disso, significa que você passará pelo processo de luto duas vezes. Saber que o fim de um relacionamento, de um emprego ou da vida como a conhecemos está se aproximando a uma velocidade desconhecida prejudica nossa capacidade de funcionar. A energia emocional necessária para manter a esperança e o medo em estado de tensão agrava o estresse do luto antecipatório. Por um lado, nós temos esperança. Por outro lado, nós temos medo. Rebater essas emoções de um lado para outro é como uma partida louca de pingue-pongue. Tentar ignorar esses sentimentos é tão impossível quanto tentar segurar uma bola de praia inflada embaixo da água. Eles vão continuar vindo à tona.

Então, como podemos administrar com plena consciência a esperança e o medo? Eu utilizo duas práticas para gerenciar com plena atenção minhas esperanças e medos: uma delas é uma prática budista; a outra, uma prática enraizada em minhas memórias de um experimento científico no ensino fundamental, sobre a tensão superficial da água. Pode parecer inesperado que essas duas práticas tenham vindo de um pastor presbiteriano com dois netos no ensino fundamental; no entanto, elas me ajudam, e espero que também possam ajudá-lo.

Primeiro, uma prática advinda do budismo: assim que a Esperança e o Medo baterem à porta do seu coração, escancare-a. Dê boas-vindas aos visitantes e faça com que se sintam em casa. Ofereça a eles – e a você mesmo – uma xícara de chá e biscoitos amanteigados. Uma vez bem recebidos, inicie uma conversa com a Esperança e o Medo com a sua imaginação. Deixe sua curiosidade guiar a conversa. Você pode fazer perguntas como: "Quando foi a última vez que nos encontramos? De onde você veio? O que você tem para me ensinar? Há quanto tempo vocês viajam juntos?". Ouça com atenção o que eles têm a dizer. Não tenha vergonha de lhes pedir esclarecimentos. Escreva suas respostas em um diário, se possível. Ao fazer amizade com a Esperança e o Medo em conjunto, você pode encontrar novas energias e percepções.

Outra maneira de visualizar essas emoções, que são comuns no luto antecipatório, é pensar nelas como elementos de um experimento científico. Visualize a *esperança* como água clara, límpida e refrescante em uma grande tigela de vidro. Olhe fixamente para a beleza da água. Agora, visualize ou comece a colocar bolas de pingue-pongue, cada uma delas representando um *medo* específico, flutuando na água. Observe como os medos flutuam de modo sereno sobre a superfície da esperança. Imaginar ou ver que a tigela de água cheia de esperança é muito maior do que todos os nossos medos pode ser suficiente para sustentar você por ora e pelos próximos dias.

Enquanto cuidava de Bob durante nossa jornada de seis anos com Alzheimer, usei todas as imagens visuais que pude. Eu precisava de cada uma delas para poder descobrir as habilidades de cuidados, a paciência, a alegria, a esperança e o amor durante esse tempo. Se as imagens visuais forem úteis para você, encontre uma que se relacione ao seu luto antecipatório e volte a ela ao longo do dia.

Luto Complicado

O *luto complicado* se manifesta em relacionamentos emocionais e sociais intensos e dura mais de um ano. Em alguns casos, a complicação surge por meio do que se conhece como *luto composto*. Isso ocorre quando mais de um luto acontece em um curto período, como várias mortes (pessoas ou animais de estimação), diagnóstico de uma doença degenerativa, como Alzheimer ou Parkinson, e acidentes que exigem reabilitação prolongada.

A dra. Kimberly Shapiro, psiquiatra e diretora de um centro médico, observa que cerca de 10% dos indivíduos experimentam um luto complicado que inibe sua capacidade de funcionar. Os sintomas de luto complicado incluem "saudade intensa da pessoa amada, preocupação com memórias envolvendo essa pessoa, confusão de identidade, descrença, evitação de lembranças da morte, dor emocional intensa (como solidão), dificuldade de interagir com outras pessoas, apatia emocional, sentimentos de que a vida não tem sentido e pensamentos suicidas".

Pesar

Pesar é o luto relacionado à morte de uma pessoa amada. Embora este livro possa ajudar as pessoas a percorrer vários tipos de luto em sentido amplo, ele se concentra nessa categoria em particular e na espiritualidade que pode nos sustentar quando uma pessoa amada morre.

É um luto repleto de um emaranhamento dinâmico entre perturbações emocionais, sociais, financeiras, físicas e espirituais. Indivíduos que sofrem esse tipo de luto foram privados do convívio com um ente querido, e passaram a sentir-se desolados em consequência da morte dessa pessoa. Esse luto é, ao mesmo tempo, o luto mais simples de descrever e uma das experiências mais difíceis pelas quais podemos passar.

Antes da morte de uma pessoa amada, estávamos vinculados – conectados em nível psicológico – um ao outro. A morte nos desvinculou. John Bowlby, um psicólogo britânico do século XIX, mais conhecido por sua obra influente sobre a teoria do apego, compreendia essa ligação como uma conexão psicológica duradoura entre seres humanos. Ela começa com a necessidade inata do bebê de formar um vínculo de apego com um cuidador. Esse desejo inato de apego nos ajuda a sobreviver, a regular emoções e a desenvolver relacionamentos ao longo da vida.

O pesar é a experiência emocional do desapego por meio da morte. As ramificações do rompimento de tal vínculo, como a pesquisa de Bowlby descobriu, nos proporcionam uma compreensão visível da nossa dor. Somos dolorosamente arrancados, ou separados, de alguém que nos deu identidade, prazer, segurança e significado na vida.

Uma das principais filosofias do hinduísmo, a terceira maior religião no mundo, está enraizada no desapego, ou desprendimento. Quando a mãe da doutoranda Ketika Garg morreu, Ketika deu graças a seus rituais hinduístas. Eles a ajudaram a compreender algo de difícil assimilação: que o corpo físico perece, mas a alma continua viva. Seguindo a tradição, sua mãe foi cremada. No 13º dia de lamentação, a cerimônia Preta-karma é realizada para liberar a alma e auxiliar a sua reencarnação. As cinzas da pessoa amada são então colocadas no mar ou num rio, de preferência no Rio Ganges. "A Canção de Deus", pertencente ao texto hinduísta *Bhagavad-Gita*, nos assegura de que a alma continua viva:

Não nasce, não morre;
Tendo sido, jamais será.
Não nascida, eterna, constante e primordial;
Não é morta quando morre o corpo.

Inúmeros rituais de luto existem em todo o mundo como resultado de diferentes culturas e religiões buscando maneiras de metabolizar o luto. Há mais de 6,5 milhões de pessoas indígenas no mundo, e os rituais de morte variam de acordo com a tribo. Todos esses rituais são compreendidos como meios destinados a preparar o morto para uma jornada espiritual. Muitos dos rituais de morte estão ligados às histórias tradicionais de criação da tribo. Eugene Harry, membro da Primeira Nação na Colúmbia Britânica e ministro, reverencia essa conexão. Quando criança, ele aprendeu que o Criador pegou um punhado de linda terra vermelha, soprou-a e lançou-a para o céu. A luz das estrelas tocou a terra vermelha e, quando a poeira baixou, o primeiro homem estava de pé sobre a terra. Por isso, quando um ente querido morre, pinta-se o corpo da pessoa com um pó vermelho em preparação para o sepultamento. O ritual começa com uma linha de tinta colocada abaixo de um dos olhos, e dizem ao morto: "Olhe para a luz, não tenha medo". O pó é colocado em várias partes do cadáver. Depois desse ritual, o corpo é lavado, vestido e enterrado.

Os rituais nos ajudam a visualizar e a verbalizar suspiros que são profundos demais para palavras. Minha avó se lembrava do funeral de um menino que morreu em um acidente de carro. Nas portas da igreja, antes de se dar início ao cortejo fúnebre, o pastor episcopal soltou um lamento que reverberou nas paredes de pedras e vitrais do santurário. O silêncio absorveu as ondas sonoras originais. Então, e só então, o sacerdote proferiu a Escritura: "Perto está o SENHOR dos que têm o coração quebrantado e salva os de espírito oprimido" (*Salmos* 34:18).

Luto Privado de Direitos

O *luto privado de direitos* é o luto ou o pesar que é ignorado ou repreendido pela sociedade e pelos empregadores. As respostas de outras pessoas ao nosso luto ou pesar são muitas vezes, na melhor das hipóteses, desconfortáveis. De início, aqueles que as recebem ouvem esses comentários com polidez, encobrindo seus sentimentos feridos. Por exemplo, depois que meu pai morreu, disseram à minha mãe: "Você tem sorte que Bill morreu depressa, porque o câncer poderia ter se arrastado por muitos anos". Minha mãe não se sentia sortuda.

O luto privado de direitos sequer recebe respostas desconfortáveis. Ele existe quando *nenhuma* resposta é oferecida ou quando esse sofrimento, transformador na vida de uma pessoa, é casualmente ignorado. Nessas circunstâncias, um redemoinho de perguntas rodopia no coração do sobrevivente. Será que a minha dor é real? Esses sentimentos são normais? Eu deveria estar agindo de outra maneira? O que há de errado comigo?

Histórias de mulheres ou casais que passam pela experiência de um aborto espontâneo e pessoas que vivenciam a morte de um irmão que não recebia apoio sugerem que o luto privado de direitos é real. Um parceiro sobrevivente muitas vezes sofre o luto privado de direitos quando o casal não era unido pelo matrimônio. Ignora-se os muitos anos que os dois viveram juntos, na casa que compraram juntos, participando juntos na vida comunitária. Esses exemplos apontam maneiras como a sociedade minimiza a profundidade do seu luto ou as formas como os empregadores não proporcionam uma licença para o luto.

Perda

A *perda* é a diminuição de uma capacidade, como a audição, a visão ou o paladar. A palavra *perda* não é um sinônimo apropriado para o luto ou o pesar.

A perda se tornou um sinônimo frequente de morte por várias razões. Nossa cultura opta por negar o ciclo natural da existência: nascimento, vida, morte. Hoje as pessoas começaram a aceitar e esperar que o ciclo seja de nascimento, vida – e depois uma vida nova, e aperfeiçoada. A intensidade desse desejo de negar a realidade é tão extrema que impede as pessoas de sequer pronunciar as palavras *morrer*, *morto* e *morte*. A *perda* pode se tornar um eufemismo para morte – uma maneira de evitar a palavra.

É para essa realidade que a jovem no início do capítulo estava nos apontando. Quando as pessoas lhe dizem que lamentam pela sua perda, ela reage de modo negativo. Muitas outras pessoas no *workshop* acenaram a cabeça em concordância quando ela mencionou sua frustração quando as pessoas dizem: "Meus pêsames, é uma grande perda". Mas um participante perguntou: "Então, o que *deveríamos* dizer?".

Sem demora, os participantes ofereceram sugestões de alternativas: "Fiquei triste quando soube que seu pai morreu". "Foi um choque quando fiquei sabendo da morte de sua irmã." "Sua mãe fazia os melhores *brownies*." "Sempre invejei a beleza do seu irmão." "Quando li o obituário do seu tio, percebi que gostaria de tê-lo conhecido melhor."

As palavras mais bondosas são aquelas que falam a verdade com amor. Muitas vezes, quando estamos enlutados, dizemos coisas como: "Sinto como se isso fosse um sonho e logo vou acordar" ou "Quando entro em casa, acho que vou encontrar meu amado lá". Quando a família e os amigos apenas dizem palavras como *morte* e *morreu*, eles estão sendo amáveis agentes de cura. Quando estamos de luto, as pessoas que falam a verdade são uma dádiva.

Quando alguém expressa sentimentos genuínos em relação à morte de nosso ente querido, assim como suas boas lembranças do falecido, sentimo-nos menos sozinhos. Falaremos mais sobre sentimentos mais tarde; por enquanto, saiba que, quando se está confortando outra pessoa, ela agradecerá se você puder identificar e vocalizar seus sentimentos sobre a morte. Isso comunicará que ela não está sozinha em sua tristeza, choque, apatia ou medo.

Semanas depois da morte do meu pai, uma colega de trabalho veio até a minha mesa e compartilhou: "Sinto falta de ver seu pai e sua mãe comendo no restaurante Fuentes Mexican. Eles sempre pareciam estar tendo ótimas conversas e se divertindo". Sou muito grata a essa colega de trabalho por dizer algo tão simples. Ela também sentia falta do meu pai, e me deu uma imagem mental maravilhosa dos meus pais.

Após a morte de uma pessoa querida, as lembranças permanecem. Enquanto as memórias permanecerem vivas, os mortos estarão presentes em nosso coração, alma e mente. Por meio de anedotas compartilhadas, os mortos também assumem novas identidades que podem expandir a valorização, pelos vivos, de seu caráter e personalidade.

Lamentação

Lamentar é escolher com frequência responder ao luto ou ao pesar de uma maneira que reafirme a vida. Comecei meus estudos e meu trabalho com o luto e o pesar, em parte, porque recebi um chamado cheio de Espírito para que eu vivesse a vida como uma bênção para aqueles que lamentavam, com o intuito de que pudessem ser consolados.

Você está segurando este livro, o que é um sinal concreto de que está em processo de lamentação. É um passo *gigantesco*, como aquele que as crianças dão na brincadeira do "Vampiro, Vampirão". É um passo empoderador, pois, assim que escolhemos lamentar, as possibilidades se abrem para nós.

Por enquanto, vamos examinar de forma breve o poder e as possibilidades relacionados à *escolha*. Felizmente, não é possível avançar muito nesse tópico sem aprender sobre Viktor Frankl, sobrevivente do Holocausto e autor do clássico *Man's Search for Meaning* (*Em Busca de Sentido*). Frankl procurou o sentido da vida e da morte enquanto era mantido em quatro campos de concentração. Deixado com o peso dessas mortes em seu coração, Frankl começou a escrever sua história, que mantinha escondida.

Depois que os guardas encontraram seus escritos, ele foi colocado perante um tribunal. Lá, foi despido e forçado a assistir a seus escritos queimarem. Enquanto estava lá, um guarda notou que Frankl usava uma aliança de ouro no quarto dedo da mão esquerda. O guarda exigiu o anel. Frankl compartilhou que, quando se inclinou para tirar o anel de casamento, algo aconteceu dentro dele. Ele disse que tocara um lugar dentro de si mesmo que mais tarde chamaria de a última autêntica "liberdade humana". Mais tarde, descreveu o que havia acontecido dentro dele. "Quando não podemos mais mudar uma situação, somos desafiados a mudar a nós mesmos. Tudo pode ser tirado de um homem, exceto uma coisa: a última das liberdades humanas." A última das liberdades, segundo Frankl, é a liberdade de "escolher a própria atitude em qualquer conjunto de circunstâncias, de escolher o próprio caminho".

Observe que Frankl começa sua reflexão com "quando". As pessoas geralmente escolhem a lamentação só depois de terem feito tudo ao seu alcance terreno para mudar a situação. Você orou com fervor ou procurou um terapeuta profissional. Você leu dezenas de livros de autoajuda, dedicou tempo com *coachs* de carreira ou viajou para obter segundas opiniões médicas. Você tentou métodos alternativos de cura e esperneou, gritou e arrancou os cabelos. Apenas quando você enfim aceita que "não pode mais mudar uma situação", a verdadeira lamentação pode começar.

Caminhando Juntos

Encontrar alguma paz diante do luto cru pode ser difícil. Seja luto antecipatório ou luto privado de direitos, seja luto em sentido amplo ou pesar, ou seja lamentação, o trabalho do luto é ligeiramente atenuado quando reconhecemos que não estamos sozinhos.

Histórias como uma parábola budista sobre um grão de mostarda são lembretes dessa verdade. Esse conto gira em torno de uma mulher chamada Kisa Gotami, que viveu na época de Buda, quando ele já havia alcançado o *nirvana* e viajava com o intuito de transmitir seus ensinamentos a outras pessoas.

O filho único de Kisa, ainda muito pequeno, havia morrido. Relutante em aceitar sua morte, ela o levou de vizinho em vizinho implorando para que algum deles lhe desse o remédio para trazê-lo de volta à vida. Um de seus vizinhos disse-lhe para ir até Buda, localizado nas proximidades, e lhe perguntar se havia uma maneira de trazer o filho de volta à vida.

Trazendo o corpo de seu filho consigo, Kisa encontrou Buda e implorou para que ele a ajudasse a trazer seu filho de volta à vida. Ele a instruiu a voltar para sua aldeia e coletar sementes de mostarda nas residências das famílias que nunca foram tocadas pela morte. Com aquelas sementes de mostarda, ele prometeu que criaria um remédio para trazer seu filho de volta à vida. Aliviada, ela voltou para sua aldeia e começou a pedir sementes de mostarda aos vizinhos.

Todos os seus vizinhos estavam dispostos a lhe dar sementes de mostarda, mas todos disseram a ela que suas famílias haviam sido tocadas pela morte. Eles disseram: "Os vivos são poucos, mas os mortos são muitos". A mulher voltou para casa, sofrendo, mas não sozinha.

Mais recentemente, os vizinhos e amigos de Elaine Gantz-Wright estariam mais do que dispostos a dar-lhe um grão de mostarda para que seu filho, Elliot, voltasse à vida. O sofrimento ainda permeia o coração de todos os que o conheceram. Elaine, sabendo que não estava sozinha em seu luto, compartilha neste trecho de seu ensaio "*Grief's Fault*" [A Falha do Luto] uma parte da maneira como processou a morte de Elliot:

> O luto é um deserto onde estamos desconectados das pessoas, dos lugares e do propósito. É difícil conseguir sair do deserto porque estamos enterrados no matagal até a cintura e porque o luto obscurece os olhos da mente e prejudica nosso senso de direção. Nada parece certo. São tantas direções, mas não temos para onde ir. É uma perplexidade visceral – figurativa e física, junta e separada, curiosa e aterrorizante. Como isso pode ter acontecido?
>
> Estou achando profundamente difícil me localizar no deserto. Vejo uma linha na areia. Eu a chamo de Falha de Santo André do Luto – dividindo para sempre o antes e o depois da morte de Elliot, mas que também abriga o estresse fervilhante de um imponente limite tectônico. É como se eu tivesse duas vidas distintas, duas identidades completamente diferentes – unidas por uma fratura precária. E após três anos vivendo no meu "depois", ainda estou frágil, sem direção e desligada de quase tudo, exceto dessa dor implacável em meu coração

despedaçado. Pelo menos, a qualidade lancinante de um objeto pontiagudo se transformou em uma dor constante e surda. A angústia do luto nunca vai embora. Mas eu tenho de acreditar que ela vai se atenuar com o tempo.

O outro problema é que os limites da minha vida encolheram para os limites da circunferência. Depois de tecer um estreito casulo emocional com os fios de aço do luto, da ansiedade e do TEPT (Transtorno do Estresse Pós-Traumático), tenho feito escolhas profissionais questionáveis – na verdade, cada vez mais questionáveis. E como mãe solo, experiente e ansiosa, tenho de ganhar a vida. É um dilema cruel.

E agora? Como faço para entender essa situação difícil nessa fase da vida – e, de alguma maneira, preencher a lacuna entre a morte de Elliot e meu futuro? Pastores atenciosos me aconselharam: "Seja gentil consigo mesma". Isso sempre foi um desafio para mim, mas estou percebendo que o luto está me ensinando a cuidar melhor de mim mesma durante o pior de todos os tempos. Para reparar Elaine, de certa maneira. Então, isso eu sei – pela morte de Elliot, pela vida do meu filho mais novo, Ian, e pela minha alma frágil, quero viver.

Histórias tocantes como essa não apenas nos conectam com nosso coração, mas também com nosso cérebro. Uri Hasson, professor de psicologia e neurociência, observa que a atividade no cérebro começa a se sincronizar com as ondas cerebrais da pessoa que conta a história. Cada história que lemos e ouvimos nos conecta com outras através do tempo. Essas histórias muitas vezes nos motivam a responder às circunstâncias de uma ou de várias maneiras que ainda não tentamos. Reconheccer o sofrimento de outras pessoas pode plantar sementes de verdades durante o processo do luto.

Prática Espiritual

Saborear a Palavra

Saborear a Palavra é um antigo método de oração. É muitas vezes denominado *lectio divina*, que significa "leitura divina" em latim. Essa prática envolve a leitura de trechos de textos sagrados ou literatura secular de uma maneira que penetra e muda não apenas a mente, mas também o coração.

Na prática da *lectio divina*, são usados sobretudo Salmos e outras partes das escrituras. Na preparação do sermão, eu uso essa prática para vivenciar as escrituras em um nível mais profundo. Em outras ocasiões, gosto de usar orações, ensaios, poemas curtos e reflexivos para que a essência da escrita criativa seja saboreada palavra por palavra, frase por frase.

O método da *lectio divina*, em resumo, é algo assim:

- Reserve cerca de quinze a vinte minutos ininterruptos de silêncio. Tranquilize a si mesmo – ou, nas palavras do grande místico Howard Thurman, "centralize-se". Recomenda-se usar uma oração respiratória. A oração respiratória a seguir é adaptada das reflexões de Viktor Frankl:

  Inspire: *Sabedoria das alturas e do interior,*

  Expire: *Mude-me, meu coração, minha atitude.*

- Leia a parábola da semente de mostarda ou "A Falha do Luto" no começo deste capítulo; uma escritura da sua tradição religiosa; um poema; ou uma passagem que seja significativa para você. Lembre-se de que você está na presença de Deus. Leia a passagem novamente – de preferência em voz alta. Em seguida, leia a passagem uma terceira vez, permanecendo atento a uma palavra ou frase que se destaque para você.

- Pense na palavra ou frase que você notou. De que forma ela penetra em seu coração? Que sentimentos ela evoca? Ela trouxe à tona alguma memória? Que imagem vem à mente? Observe como a sabedoria divina e interior está falando com você pessoalmente sobre sua vida neste exato momento.

- Deixe o seu coração responder a essa sabedoria por meio da oração. Permita que suas palavras formem uma oração ou mantra para você levar consigo hoje.

- Saboreie o silêncio na presença da Sabedoria, pois nem mesmo o poder das palavras pode capturar os encontros do coração que você experimentou. Reserve um tempo para escrever sua oração ou mantra em um diário ou ficha para que você possa voltar a ela.

- Depois de realizar essa prática, reflita e escreva sobre sua experiência.

Capítulo 3

Por que o Luto é Exaustivo? Nomenando a Imensidão

Trabalho árduo põe em destaque o caráter das pessoas: algumas arregaçam as mangas, algumas torcem o nariz e algumas não dão as caras de jeito nenhum.

– Sam Ewing

Em uma noite fresca de outono, uma mulher chegou atrasada à penúltima aula sobre pesar. Ela era pequena, e, em reuniões anteriores, sempre falava com recato e equilíbrio. Antes de se sentar, expressou-se com convicção temperada com uma pitada de desgosto. "Tudo o que sei é que a morte do meu marido foi um tremendo incômodo!"

Um silêncio atordoante pairou no ar por um momento. Em seguida, irrompeu-se uma risada, e depois outra, e mais outra, até que estávamos todos chorando de tanto rir. A verdade do luto – com sua forma indelicada e pouco ortodoxa de aparecer – tinha se manifestado.

Fiz uma oração silenciosa de agradecimento pelos alunos dessas aulas, por sua persistência e determinação no trabalho com o luto e pela maneira como sua honestidade é liberada e respeitada.

"Desde a morte dele, eu me tornei uma eremita", continuou a mulher. "Eu não quero sair de casa – e então, quando saio, não quero voltar para casa, porque só de ver a porta da garagem se abrir já é doloroso. Eu quero que ele esteja dentro de casa, e eu sei que ele não está. Ah, e eu não sabia que o luto envolve tanta *papelada*!"

Gemidos de reconhecimento irromperam pela sala. "Francamente, estou brava com Deus", ela continuou. "Não era para a vida terminar assim. Estou exausta. O tempo todo!"

E, com isso, ela nomeou outra verdade central do luto: ele é exaustivo. Há várias teorias sobre o trabalho exaustivo do luto, e cada uma delas tem o seu mérito. Eu digo *trabalho* porque a maioria das pessoas que não vivenciaram um luto profundo e intenso não têm noção do esforço ou da energia – do *trabalho* – necessários para passar de uma situação desequilibrada e miserável, de um estado de ser muitas vezes não funcional, e se transformar em um estado quase reconhecível do seu eu antigo.

Quanto tempo dura o luto? Por quanto tempo podemos lamentar? A política padrão de pesar que muitos empregadores adotam acomoda a sua experiência de tristeza por três a sete dias depois que seu ente querido morre. Em grande parte, o público aceita demonstrações de tristeza por um período muito curto.

E o pesar, é claro, não é o único tipo de luto. Que tipos de luto são aceitos pelo público – e por quanto tempo – após um divórcio, devastações causadas por desastres naturais, um diagnóstico de uma doença crônica ou de uma doença que põe a vida em risco, ou traumas como serviço militar, estupro e outras formas de violência?

Se um ente querido morreu, você sabe que não há data de validade para o luto. O pior é que a dor que invade a sua vida abrange tudo. Se você está lendo este livro, já deve saber disto: o luto nos afeta em níveis físico, emocional, social e espiritual. Não há sequer um único aspecto de sua vida que se exima do luto.

Aspectos Emocionais e Físicos do Luto

Muitos de nós sabemos que o luto vive no corpo. Só agora estamos descobrindo até que ponto isso é verdade. Mas, se o luto vive no corpo e também em nossas emoções, ele muda a maneira como vemos o trabalho do luto. Até que ponto nós, como sociedade, compreendemos a conexão entre as emoções e a saúde física? Que bem estamos dispostos a fazer às pessoas cujos corpos estão sendo alterados pelo luto?

O ensaio de Ann Finkbeiner publicado no *The New York Times*, "The Biology of Grief" [A Biologia do Luto], descreve os desafios atuais de pesquisar as conexões emocionais e físicas do luto. Finkbeiner é uma escritora de livros de divulgação científica com uma paixão profissional por descobrir ligações entre as emoções e a biologia do luto. Ela também conheceu bem o luto depois que seu único filho, Thomas Carl Colley, morreu em um acidente de trem. "Logo depois de sua morte", ela escreve, "fiquei em choque por muito, muito tempo". Ela pensava que o processo de luto seria semelhante ao que experimentara depois da morte de seu pai e que ela ficaria bem. Então, ela começou a pensar: "Há algo de errado comigo porque as coisas não estão bem. E elas nunca ficarão bem".

Finkbeiner se envolveu com o Compassionate Friends, um grupo de apoio para pais enlutados. Nessa "tribo corajosa", ela entrevistou trinta pais que vivenciaram a morte de um filho. Fez isso, segundo escreve, como uma maneira de mostrar ao filho o quanto ela o amava e de aprender como outros pais vivem e mudam por meio de um luto intenso e profundo. *After the Death of a Child: Living with Loss through the Years* [Após a Morte de um Filho: Convivendo com a Perda ao Longo dos Anos] foi publicado em 1998. Finkbeiner combinou seu interesse pela ciência e sua experiência pessoal com o luto. Ela diz que a dificuldade nas pesquisas sobre o luto está enraizada no fato de que "o luto não é uma doença, e tampouco é classificado como um transtorno mental". E apenas um punhado de pesquisadores abrange ambos os campos.

Felizmente, alguns pesquisadores estão investigando a mecânica do luto e seu impacto na saúde física. Duas psicólogas, Mary-Frances O'Connor, da Universidade do Arizona, e Chris

Fagundes, da Universidade Rice, descobriram padrões revelando que o luto faz o cérebro enviar uma cascata de hormônios do estresse e outros sinais para os sistemas cardiovascular e imunológico, e que podem, em última análise, mudar a maneira como esses sistemas funcionam, tanto no curto como no longo prazo. Sua pesquisa descobriu que o luto pode ter um impacto generalizado no coração e no sistema imunológico. Há também evidências de que o estresse relacionado ao luto pode contribuir para o diabetes tipo 2 e alguns tipos de câncer.

Embora pouco a pouco estejam surgindo pesquisas que confirmam o que já sabemos, a medicina tradicional chinesa já mostrava a conexão entre emoções e os órgãos do corpo há mais de dois mil anos. A raiva busca refúgio no fígado, o medo nos rins, a alegria no coração, a preocupação no baço e a tristeza e o luto nos pulmões. Isso explica por que tantas pessoas são suscetíveis a infecções nos brônquios com o início de um luto. O conhecimento desse efeito sobre os pulmões levou a nossa organização sem fins lucrativos a, primeiro, introduzir orações respiratórias como uma prática espiritual para o conforto e a saúde. Respirar fundo e orar ao mesmo tempo pode ajudá-lo a carregar o seu luto, como aprendemos no primeiro capítulo. Também ajuda o corpo físico.

Quando estamos no processo de luto, muitas vezes recuamos diante da intensa dor emocional que sentimos. Às vezes, procuramos formas rápidas de entorpecê-la ou de fugir dela por meio do uso do álcool ou de outras drogas. As estratégias que escolhemos podem ser mais ou menos prejudiciais. No luto, pode ser difícil administrar o sono e a alimentação, ambos combustíveis necessários que ajudam o corpo a evitar a exaustão. Alguns de nós temos dificuldade com dormir ou comer demais, e outros, de menos.

A dificuldade se deve, em grande parte, à obsessão do luto com fazer com que pessoas e coisas desapareçam. Na morte, pessoas desaparecem. No divórcio e em outras formas de luto, relacionamentos evaporam no ar, empregos somem e tesouros queimam ou são levados por inundações, e nunca mais são vistos. Isso também ocorre com as rotinas diárias. O luto diz: "Suma!" – e nossos hábitos desaparecem. Lá se vão os padrões que ordenavam nossa vida diária. E, quando nossos padrões são apagados, surge um vácuo.

Suponho que você já tenha tentado adormecer com o caos martelando sua cabeça, questionando sobre o futuro. As perguntas são pessoais e difíceis de ouvir. Algumas que vieram até mim são: "Quando você vai parar de desmoronar quando vir aquela primeira estrela da noite, sabendo muito bem que seu desejo não será realizado? Que lugar nesta cama costumava ser tão confortável? Como você vai pagar as contas? O que você diria ou faria de maneira diferente se pudesse trazer de volta o seu ente querido por uma hora?".

Perguntas como essas nos mantêm acordados à noite ou nos despertam de um sono agitado. Os números alaranjados em neon no relógio brilham 3h12. Grande parte da ausência de rotina, inclusive o sono, é normal após o luto. No entanto, chega uma hora em que devemos buscar terapia e ajuda profissional.

Uma amiga minha esperou seis meses para buscar tal terapia. O psiquiatra ouviu com admiração enquanto minha amiga listava as inúmeras atividades que realizara desde o início do luto. Em uma pausa na conversa, o psiquiatra disse: "Você é capaz de fazer muitas coisas durante seu luto. Mas não será capaz de funcionar ou de fazer nada bem se não dormir". O médico prescreveu uma receita para trinta dias de medicamentos para dormir, o que ajudou minha amiga a redefinir seu ciclo circadiano e encontrar uma rotina de novo.

O sono é crucial para um funcionamento eficaz, e combate o esgotamento provocado pelo luto. Você pode ler as letras miúdas dos estudos sobre o sono (que podem nos fazer pegar no sono), ou você pode se lembrar do conselho que outro amigo meu recebeu no hospital, depois de um ataque cardíaco. A prescrição do médico: exercício, sem cafeína, sem álcool, sem açúcar e seis a oito horas de sono. E aqui está o elemento decisivo: se apenas uma dessas prescrições for possível, segundo o médico, escolha dormir.

Adormecer e ter um sono ininterrupto não é difícil para mim, e, mesmo nos dias, semanas e meses depois que meu marido morreu, dormi razoavelmente bem, o que considerei uma bênção. Mas cozinhar para uma pessoa? *Isso* gerou todo tipo de reações para mim. Descobri que a autodisciplina de equilibrar carboidratos e proteínas e gerenciar o tamanho das porções é muito difícil. Às vezes, eu me consolo imaginando que o médico do meu amigo não se incomoda com os nove quilos que passaram a residir em meu corpinho desde a morte do meu marido.

Linda, tentando encontrar algum equilíbrio em meio ao luto após a morte de Archie, seu marido, admitiu para mim: "Eu só tomo sorvete direto do pote. Quando acho que preciso de um pouco de fibra, jogo um saco de pipoca no micro-ondas". Outras pessoas relatam que, depois que um ente querido morre, as refeições que antes lhes traziam alegria e conforto não parecem mais apetitosas. Em geral, as pessoas se enquadram em uma de duas categorias no que diz respeito à comida e ao luto: *Nenhum Apetite* ou *Passe Isso Para Cá!* Em qual categoria de alimentação você está?

O antropólogo Robin Fox diz que a comida é combinada com "um impulso profundamente social". Compartilhamos comida na companhia da família, amigos, estranhos e comunidades em geral. Estudos mostram que a socialização combinada com a comida proporciona maior bem-estar emocional e físico. Refeições compartilhadas alimentam indivíduos com o conhecimento de que pertencem a um grupo, e conversas muitas vezes incluem incentivos, risadas e perspectivas diferentes sobre temas. Esse apoio emocional promove a saúde física de uma maneira que alivia o estresse, abaixa o colesterol e reduz a incidência de doenças cardiovasculares. Quando uma pessoa com quem comemos com frequência morre, a hora das refeições pode se tornar uma tarefa difícil e um triste empreendimento.

As ligações entre sono, alimentação e luto são muitas para serem abordadas com mais profundidade neste capítulo. Porém, só de sabermos que dormir e comer são duas das maneiras pelas quais o luto se manifesta em nosso corpo, esse conhecimento já pode nos ajudar a ter mais compaixão com nós mesmos quando estamos tendo dificuldades.

Às vezes, quando o luto consome pessoas e faz seus padrões desaparecem, elas se tornam mais propensas a vícios. Quando alguém tenta escapar do trabalho do luto por meio do uso de drogas ou do álcool, um ciclo se inicia que, à primeira vista, parece eficaz e agradável. Porém, uma vez iniciado, esse ciclo não pode ser quebrado com facilidade. De acordo com o National Council on Alcohol and Drug Dependence [Conselho Nacional de Dependência de Álcool e Drogas], "viúvos com mais de 75 anos demonstram uma maior taxa de alcoolismo do que qualquer outro grupo demográfico". As evidências mostram que o luto não resolvido é a principal causa dos vícios, e que a recaída no abuso de substâncias é um sinal de que há trabalho de luto não resolvido.

Aspectos Sociais do Luto

O luto muitas vezes é descrito por meio de fenômenos naturais como ondas no oceano ou termos relacionados a desastres naturais. Às vezes, o luto é como um terremoto que envia tremores secundários sobre nossa vida social. O luto muda as conexões sociais. Embora você, e só você, esteja lidando com o luto, seus amigos podem estar ocupados com a própria vida, não 100% sintonizados com o que você está vivendo. Isso pode ser decepcionante e desorientador. Enquanto isso, conhecidos que já passaram por algo semelhante às vezes emergem como uma fonte robusta de suporte, apoiando-o de um modo que você jamais esperaria.

Ao chegar o seu quadragésimo aniversário, Marjorie Rose, uma mãe, marcou uma consulta para sua primeira mamografia. Foi um alívio não ter sido tão doloroso e estranho quanto ela fora levada a acreditar que seria. Mas seu alívio mudou para preocupação quando a enfermeira pediu que ela esperasse alguns minutos, mais minutos, e ainda mais. O radiologista leu o exame e agendou testes adicionais.

Os dias de espera por um diagnóstico foram emocionalmente tortuosos. Marjorie Rose queria saber! Ela ficava revivendo traumas e lutos anteriores. Seu pai havia morrido de melanoma dias antes de Rose começar seu primeiro ano de faculdade. Sua mãe havia morrido de repente alguns anos antes, e ela ainda estava lidando com os sentimentos de ser uma adulta órfã.

Quando o médico finalmente a diagnosticou com carcinoma ductal escamoso *in situ*, ela teve de se submeter a meses de tratamentos. A maior surpresa foi a maneira como seu círculo social mudou. "Recebia diariamente atos inesperados de gentileza de conhecidos e estranhos, e as mães da escola do meu filho garantiram que estivéssemos alimentados e que nossa geladeira permanecesse abastecida", disse ela. "Mas eu me perguntava:

'Onde estão minhas madrinhas de casamento?'." Seus amigos mais próximos estavam menos presentes do que ela esperava.

Às vezes, o trabalho do luto significa perceber o desaparecimento de amigos e familiares. Pode não ficar claro para nós o motivo por que eles estão se protegendo de nosso luto, mas é melhor reconhecer a tristeza e/ou raiva adicional que isso nos traz do que fingir que isso não dói. Às vezes, velhos amigos e familiares *de fato* aparecem. Outras vezes, por meio do processo de luto, encontramos novos conhecidos e formamos amizades que muito provavelmente não teriam a oportunidade de criar raízes sem o luto compartilhado.

Abrir-se para uma vida social exige coragem depois que alguém morre. E coragem consome energia. Às vezes, o caminho fácil é se tornar um eremita. Às vezes, o trabalho do luto significa contar com o apoio de velhos amigos e membros da família. E, às vezes, o caminho inclui ficar à deriva em águas turvas com conhecidos e novos amigos que estão no mesmo barco.

Aspectos Espirituais do Luto

O luto pode dizimar ou aprofundar nossa vida espiritual. Ele pode arrefecer a nossa fé ou estendê-la a novas dimensões. Pode parecer fazer as duas coisas, quase ao mesmo tempo. Cada vez que vivenciamos a morte de um ente querido, amigo ou colega, também ponderamos sobre nossa própria mortalidade.

O luto muitas vezes provoca as questões espirituais mais humanas e, portanto, as mais profundas que podemos fazer.

O impacto do luto em nossa vida espiritual ficou claro para mim graças a uma citação atribuída a Pierre Teilhard de Chardin, membro da Companhia de Jesus, padre jesuíta, filósofo e professor francês. Dizem que Chardin afirmou certa vez: "Não somos seres humanos tendo uma experiência espiritual. Somos seres espirituais tendo uma experiência humana". Compreender a nossa identidade primordial dessa maneira – e reconhecer o luto como uma experiência humana inevitável – nos liberta para explorar nossos pensamentos e perguntas mais íntimos com honestidade e curiosidade.

Muitas conversas com Deus começam com a pergunta: "Por quê?". Jó, um ícone da perda e do luto nas escrituras hebraicas, pergunta "por quê?" em nome de todos os que experimentam o luto. Frederick Buechner, teólogo e autor, escreveu que Deus não nos dá os "porquês" do luto pois seria como tentar "explicar as teorias de Einstein a um molusco". Além disso, explica Buechner, Deus sabe que "o que Jó precisa não é de uma explicação". Mesmo que uma explicação divina lhe fosse dada, Jó ainda teria furúnculos purulentos com infecção, seu ganha-pão ainda estaria perdido e seus filhos ainda estariam mortos.

A pergunta "Por quê?" é uma abreviação para a angústia confusa e total que o enlutado sente com relação ao passado, presente e futuro. Nós, que perdemos uma pessoa amada, podemos perguntar como qualquer ser divino e benevolente pode tolerar tal angústia e tragédia, ou mesmo permitir que elas existam. Enfrentar tal crise espiritual exige que nos permitamos criticar Deus de forma honesta. Significa fazer perguntas e em seguida fazer um silêncio contínuo, ficando à escuta de uma resposta sagrada. Ouvir é a mais difícil das habilidades de comunicação. Ouvir exige um esforço intenso e repetição contínua do processo. Muitas vezes é útil praticar com um terapeuta profissional ou diretor espiritual.

Ouvir e prestar atenção à nossa voz interior e à voz divina é essencial para o nosso crescimento espiritual. Os resultados desse trabalho ao longo da vida são tangíveis. Experiências fugazes de paz e compaixão. Outro subproduto é uma profunda e intensa gratidão. Depois de ter enfrentado as duras realidades do luto, descubro que sou levada para um lugar lindo, amplo e aberto conhecido como gratidão.

Como este capítulo se concentrou no trabalho do luto, a prática espiritual – a renovação do náutilo – será focada na reflexão sobre nosso próprio crescimento. Às vezes, podemos identificar padrões apenas depois de um período de crescimento e mudança. O náutilo com câmaras é conhecido como um "fóssil vivo" porque permaneceu relativamente inalterado durante os últimos 450 milhões de anos. Como um molusco de corpo mole e primo distante da lula e do polvo, o náutilo não muda para uma nova concha à medida que cresce. Em vez disso, ele desenvolve outra câmara, e depois outra, e depois outra para abrigar seu tamanho crescente. Com essas distinções, o náutilo é um símbolo da graça da natureza: sempre em crescimento, expansão, renovação.

O náutilo é um símbolo da ordem em meio ao caos, o que se reflete em sua precisão espiral, começando no centro e se expandindo para fora. Várias coisas na natureza, das mais expansivas às mais diminutivas, incorporam essa formação espiralada: galáxias, furacões, sementes de girassol na flor, couve-flor e pinhas.

No início deste capítulo, Sam Ewing lembrou-nos de que o trabalho do luto exige que "arregacemos as mangas" e mãos à obra. Você e seu futuro valem o trabalho.

Prática Espiritual

Renovação do Náutilo

Esta prática espiritual lhe dá tempo e espaço para descansar e renovar o coração e a mente. Ao meditarmos sobre as espirais em expansão do náutilo, podemos começar a ver nosso próprio crescimento de novo. Você pode usar o desenho do náutilo colorindo e escrevendo neste livro, fazendo fotocópias da página 66 ou desenhando o seu próprio náutilo.

- Reserve cerca de quinze a vinte minutos ininterruptos de silêncio. Se tiver lápis de cor, recomenda-se que os use para esta prática. Separe suas cores favoritas. Comece a se centralizar com a oração respiratória abaixo.

Inspire: *Santo sopro vivo de Deus,*

Expire: *Renova meu coração e minha mente.*

- Reflita sobre o que você anseia ou gostaria de possuir em um nível mais pleno em sua jornada de luto. Que característica você deseja incorporar com mais frequência enquanto carrega seu luto? Podem ser atributos como coragem, gratidão, alegria, paciência, paz ou serenidade. Escreva a característica dentro do seu náutilo, no início da espiral. Deixe a sua mente vagar. (Não, você não precisa se concentrar!)

- Agora, comece a escrever os nomes das pessoas em cuja companhia você *sente* esse atributo. Você pode escrevê-los ao longo das linhas da concha.

- Expanda a formação espiral escrevendo sobre lugares em que você esteve e onde você *vê* e *vivencia* esse atributo. Em que contextos ou ambientes você vê a si mesmo ou a outras pessoas incorporando esse atributo?

- Adicione cores e/ou padrões que o lembrem desse atributo.

- Quando terminar, olhe para o seu náutilo e reflita sobre ele por alguns momentos. Também reflita sobre sua experiência com o náutilo e escreva em um diário ou caderno sobre quaisquer percepções que você tenha obtido a respeito de si mesmo ou de sua jornada de luto durante este exercício.

Capítulo 4

Como Navegar as Ondas? Envolvendo os Sentidos

Os cinco sentidos são os ministérios da alma.

– Leonardo da Vinci

Quando minha tia-avó Mary morreu, minha mãe e eu procuramos a filha única de Mary, Mary Alice. Ela estava esperando por nós na soleira de sua porta – uma órfã adulta de olhos arregalados, frágil e tremendo de medo. Mary Alice caiu nos braços da minha mãe e chorou até ficar fraca demais para permanecer em pé. Minha mãe a sentou no sofá.

Enquanto enxugava as lágrimas, Mary Alice começou a se animar. Logo estava nos entretendo com histórias da infância da tia-avó Mary. Ela sorria enquanto me contava sobre os anos em que sua mãe era uma noiva, adaptando-se à vida em um rancho no oeste do Texas, localizado a mais de 96 quilômetros do vizinho mais próximo.

No meio de uma história, e várias vezes depois, a campainha interrompia Mary Alice. Ela se levantava para atender à porta, encontrava um amigo ali parado, e então a cena que acontecera com minha mãe – Mary Alice chorando, lamentando e quase desmaiando de tristeza – acontecia de novo. Quando um amigo fazia uma breve visita, assim que ia embora, Mary Alice recuperava a compostura e continuava a hora da história.

Aos 11 anos, eu nunca havia testemunhado tais maremotos de luto. Observando-a passar de lágrimas para sorrisos, e voltar às lágrimas mais uma vez, eu fiquei convencida de que Mary Alice era emocionalmente instável – e, muito provavelmente, beirando os limites de "meio louca". Compartilhei meu diagnóstico com minha mãe no caminho para casa, e ela respondeu: "É assim que o luto se move. Ele te derruba. Você se levanta. Ele te derruba de novo".

Mesmo sabendo que o luto é uma onda, muitas pessoas acreditam que as ondas são de alguma forma previsíveis. É fácil supor que elas subam em ocasiões especiais – como nas comemorações de aniversário, aniversário de casamento ou de formatura da pessoa que morreu. E os enlutados muitas vezes experimentam maior ansiedade quando esses marcos se aproximam; muitos até fazem planos detalhados preparando-se para lidar com esse dia quando ele chegar. Mas outras pessoas que percorrem os vales do luto nos lembram de que viver todos os dias sem a pessoa amada é tão doloroso que as "datas especiais" são apenas mais um dia sem ela.

Quer as ondas quebrem em um aniversário ou em uma insuspeita tarde de terça-feira, elas compartilham três elementos em comum: um começo, um meio e um fim. Lembrar desse padrão nos ajuda a navegar as ondas com mais coragem e confiança. Podemos recuperar alguma estabilidade avaliando onde nos encontramos na sequência da onda.

Compreender esse padrão previsível também nos ajuda a caminhar ao lado de amigos que também estão navegando em ondas de luto. Tal conhecimento pode nos ajudar a oferecer apoio emocional, uma vez que nos torna mais capazes de manter a calma mesmo quando nosso amigo não consegue. Sabemos que a onda vai começar, formar uma crista de emoções intensas, e então se achatar. Estar presente de forma constante selará sua amizade e servirá como uma fonte profunda de apoio e consolo para seu amigo.

Assim como flocos de neve, folhas e dias, não há duas ondas de luto idênticas. Elas são únicas, e adquirem suas diferentes formas dependendo da fonte do luto e dos apegos que foram interrompidos ou cortados. Curiosamente, ondas de luto também tomam forma a partir de nossos cinco sentidos primários – olfato, audição, visão, tato e paladar.

Meu apreço e respeito duradouros pela importância dos sentidos para absorver e processar a vida deve-se inteiramente à autora Diane Ackerman. Em seu livro *A Natural History of the Senses* [Uma História Natural dos Sentidos], Ackerman escreve: "Os sentidos não apenas dão sentido à vida em atos ousados ou sutis de clareza, mas também rasgam a realidade, por meio do luto, em pedaços vibrantes, e os recompõem em um padrão significativo". A reflexão de Ackerman serve como um convite àqueles de nós cujas realidades foram dilaceradas pelo luto para que ativem os sentidos e recebam o conforto e a maravilha que eles extraem da percepção.

Ackerman chama aqueles que se comprazem com experiências sensoriais como maneiras de descobrir o significado da vida de *sensualistas*. Aqueles que já fizeram o teste de Tipologia de Personalidade Myers-Briggs (MBTI, na sigla em inglês) talvez se lembrem se naturalmente absorvem informações através dos **S**entidos (o tipo S). É bem provável que você já esteja processando seu luto como um *sensualista*: alguém que sente. Outros, como eu, que absorvem informações i**N**tuitivamente (o tipo N) são encorajados a usar os sentidos com plena atenção conforme absorvem informações e experimentam a vida. Prometo que os seus sentidos não vão decepcioná-lo e provavelmente o surpreenderão com formas de dar os próximos passos em sua jornada de luto. É possível então dizer que os sensualistas são aqueles que se entregam aos seus sentidos: vivendo com uma percepção do presente experimentado através do olfato, do paladar, da audição, do tato e da visão.

Neste capítulo, sugiro que pratiquemos nos tornar sensualistas do luto: pessoas que metabolizam o luto entando atentos ao mundo e que encontram, em experiências sensoriais, um pouco de cura ou consolo. Perceber e nomear o que experimentamos através dos cinco sentidos é fundamental porque, no luto, às vezes ansiamos por nos afastar e nos entorpecer. Como Ron e sua filha, que conhecemos no primeiro capítulo, muitas vezes queremos apenas seguir em frente. Memórias fortes, tanto felizes como tristes, com frequência são desencadeadas pelos sentidos, e às vezes é mais fácil se afastar das memórias do que abraçá-las.

O amor e o luto são vividos nos mínimos momentos de um dia. Por meio da prática, podemos nos tornar mais atentos ao que cheiramos, saboreamos, ouvimos, vemos e tocamos. Esse estado de atenção plena nos ajudará a navegar melhor as ondas do luto e outras emoções que se seguem à morte de uma pessoa amada.

Olfato

O olfato, talvez por ser o primeiro dos cinco sentidos a se desenvolver, evoca memórias mais intensas e imersivas do que qualquer outro sentido. Às vezes, é conhecido como "o sentido mudo", pois é quase impossível descrever o cheiro de algo para alguém que não sentiu esse cheiro. Helen Keller interpretava o sentido do olfato como "um poderoso mago que nos transporta por milhares de quilômetros e através de todos os anos que já vivemos". Essas memórias aromáticas podem provocar ondas de luto, bem como nos ajudar a navegar essas ondas.

No segundo Natal após a morte prematura do meu pai, Margaret, minha sobrinha, deu à minha mãe um embrulho bem decorado, sugerindo que fora comprado em uma loja muito refinada. Minha mãe removeu o laço e os ornamentos com cuidado, a fim de poder usá-los nos presentes do próximo ano. Então, sob montes de papel de seda, ela encontrou um frasco da colônia que meu pai usava.

Eu sabia pouco sobre a natureza e a dinâmica do luto nesse estágio da minha vida. Fiquei irritada com o presente, que me pareceu insensível. Mas, quando consegui conter minha irritação em honra ao espírito natalino, mamãe já havia borrifado a colônia na sala inteira, com suas notas cítricas, de alecrim amargo-fresco, lavanda picante e tons amadeirados.

Foi quase como se meu pai tivesse ressuscitado. Ele parecia estar sentado entre nós – vestindo seu colete vermelho de Natal, feliz por ter recebido uma caixa de charutos Antonio y Cleopatra, e pronto para ajudar a abrir mais presentes com seu fiel canivete. Margaret quebrou o silêncio de nosso luto enchendo a sala com memórias aromáticas para que pudéssemos respirar e contar histórias curativas de amor e de risos. Nossa saudade do meu pai não passou, é claro, mas esse perfume nos ajudou a navegar a onda de luto das festividades.

Em uma recente chamada pastoral, fui atingida por uma onda de luto quando as portas do elevador se abriram na sala de assistência do edifício onde eu estava visitando os paroquianos. Dessa vez, o luto cheirava a urina. O mau cheiro sufocou minha respiração, fez com que eu parasse de forma abrupta e me transportou para outras experiências com membros de congregações em que servi. O luto cresceu em meu coração quando me lembrei dos vibrantes santos da igreja, pilares da comunidade e servos silenciosos que trabalharam fielmente para trazer o reino de Deus na terra como no céu. Eu me lembrei daqueles cujos últimos anos foram marcados por assistentes que os limpavam, alimentavam e vestiam.

Paralisada pelo luto, fiquei no elevador e pressionei o botão "T". Naveguei a onda até o andar térreo, onde saí correndo para tomar ar fresco e ter um tempo para me recompor. Sentei-me em um banco próximo, fechei os olhos e respirei fundo. Inclinando a cabeça para trás, expirei devagar, inspirando outra respiração profunda, e mais outra, para limpar minhas vias respiratórias.

Eu estava sentada ali há apenas um momento quando um aroma sutil começou a entrar em meu corpo. Despertou minha curiosidade. Abri os olhos e vi uma fileira de abélias em flor. Suas notas ricas e régias de jasmim encheram o ar e meus pulmões de graça e beleza.

Antes de voltar para dentro, quebrei vários galhos e respirei fundo mais uma vez. Em seguida, voltei para visitar os membros da igreja, levando ramos de folhas verdes e delicadas flores brancas em formato de sino. Fiz arranjos simples para as mesas de cabeceira, e orei para que a doçura silvestre desses aromas fosse uma bênção.

Paladar

As refeições que partilhamos com amigos e familiares aprimoram nossas habilidades como sensualistas. Os momentos ao redor da mesa intensificam os sentidos e muitas vezes criam um espaço sagrado – mesmo quando estamos sentados com amigos do lado de fora compartilhando nachos, hambúrgueres, batatas fritas e conversas perfeitamente irreverentes. Essas refeições renovam nossas forças, nos fornecem perspectivas diferentes, empurram as tristezas em direção à alegria duradoura e nos concedem alguma sabedoria.

No fim de cada *workshop* de luto de seis semanas que eu conduzo, convido os participantes a prepararem o prato preferido de seu ente querido para compartilhar com o grupo. E, então, nos reunimos ao redor da mesa de jantar, na minha casa. O aroma de cacau e baunilha dos biscoitos de chocolate de alguém compete com a fragrância de cebola e pimentões no espaguete e chili. Antes de comermos, agradecemos pelo tempo que passamos juntos, pelas pessoas amadas que deixaram tanta saudade e cuja morte nos levou ao grupo, e pelo banquete de suas comidas favoritas. Enquanto saboreamos os pratos que os outros trouxeram, compartilhamos histórias sobre o que tornava o prato apetitoso, quem os preparava e em que momentos costumavam ser comidos. Nos primeiros dias de cada *workshop*, saber que nossa jornada de partilha caminhava rumo a uma noite como esta me dava forças para, com grande reverência, segurar o luto que cada pessoa compartilhava.

O lento progresso da sabedoria por meio da tristeza nos torna sábios. A palavra "sábio" vem da palavra latina *sapere*, que significa "saborear". Em sua forma original, a palavra *sábio* era um verbo: um processo ou gesto pelo qual assimilamos o mundo. Essa palavra implica que damos sentido ao mundo e encontramos sabedoria saboreando. Embora talvez seja útil olhar e pensar, *internalizar* efetivamente o que vivenciamos através dos sentidos nos abre à sabedoria. "Saborear", portanto, é um processo tão fundamental quanto respirar. Quando nós "saboreamos", nos comprometemos a ouvir, com todos os sentidos e todo o nosso ser, até que ouvir se torne saborear.

Quando as comunidades religiosas celebram festas e datas comemorativas de qualquer tipo – cristãos celebrando a Ceia do Senhor, Judeus observando a Páscoa judaica ou Pessach –, uma refeição compartilhada assume uma dimensão ainda mais sagrada. Há pungência e poder nessas refeições comunitárias. O sabor e o aroma dos alimentos nos ligam a memórias do passado e nos ajudam a carregar nosso sofrimento de maneiras que nos conectam com aqueles que morreram.

Audição

O anseio por ouvir a voz de uma pessoa amada é uma parte normal do processo de luto. O que não daríamos para poder conversar com essa pessoa de novo? Para ouvi-la contar algo – qualquer coisa – sobre o seu dia? Esse anseio por conversar com um ente querido que morreu é muitas vezes acompanhado pelo medo de esquecer o som daquela voz querida.

Katie Krause, uma amiga, enviou-me um *e-mail* descrevendo tais dores do anseio por ouvir a voz de sua mãe:

Eu podia ter tido um bom dia no trabalho, conhecido o cachorro mais fofo do mundo no parque, encontrado um cabelo branco, ou apenas arrumado minha cama, e ligava para minha mãe e contava tudo a ela. Ela reagia com tanto interesse como se eu tivesse lhe contado que havia acabado de conhecer a rainha Elizabeth! Sério, eu podia dizer a coisa mais idiota, a menos interessante, e ela responderia e falaria comigo como se estivesse de fato muito interessada.

Depois de todos esses meses após a morte dela, ainda penso: "Tenho de ligar para mamãe e contar a ela sobre isso". Uma onda de luto me atinge quando percebo que não posso. Não posso ligar para ela, de fato. De imediato, sinto como se alguém tivesse acabado de dar um soco na minha barriga. Meu estômago dói, fisicamente.

Ainda dói quando o luto me lembra de que a voz doce, feliz, entusiasmada e encorajadora não está mais lá. Aquela voz que ficava tão feliz de ouvir sobre o ovo que comi no café da manhã ou sobre como um homem me deu uma cortada no trânsito no caminho para o trabalho agora é só uma memória. Sei que posso falar com ela, mas não posso ouvir sua voz física. Sinto falta dela.

Às vezes, o luto é apenas o som do silêncio. Por vezes, é o som da voz de alguém ou da música que uma pessoa amada costumava ouvir que reverbera nas profundezas da nossa alma e envia ondas de luto.

O som da voz de nossos entes queridos é característico. Eu me lembro de um professor de teologia mencionando que talvez a voz das pessoas que amamos será o que reconheceremos quando nos encontrarmos de novo em nossos corpos espirituais.

O anseio por nos lembrar dessas vozes muitas vezes leva a família e amigos a guardar mensagens de voz de seus entes queridos. Essas mensagens são úteis quando uma onda de luto nos atinge, e poder ouvir a voz da pessoa amada proporciona conforto e uma percepção espiritual de sua proximidade.

Tato

Carícias românticas, abraços amistosos, tapinhas nas costas de incentivo, cócegas nas costelas, desejar a paz de Cristo, apertos de mão firmes e brincadeiras de lutinha no parquinho: o tato em geral nos transporta para memórias de tempos mais antigos. E nunca superamos isso. Embora seja comum confortar bebês e crianças pequenas com toque físico e carinho, muitas vezes ignoramos a necessidade do contato físico em crianças mais velhas e adultos. Mas a necessidade de contato não desaparece com a idade.

O luto, por natureza, tem um efeito isolante. Quando nos sentamos em salas de espera de uma UTI, ou ficamos de pé no corredor de um tribunal à espera de uma sentença que decidirá o nosso futuro, ou quando nos sentimos desnorteados e devastados por desastres naturais: nesses momentos, precisamos que outras pessoas nos estendam os contatos físicos apropriados de solidariedade, encorajamento e esperança.

Por meio do tato, Helen Keller não apenas sobreviveu, mas também prosperou além de qualquer expectativa e imaginação. Ela colocava as mãos no aparelho de rádio para desfrutar de música. Por meio do tato, ela conseguia diferenciar trompetes dos instrumentos de cordas. "Ela ouvia histórias coloridas e rurais sobre a vida surgindo ao longo do Mississippi, dos lábios de seu amigo Mark Twain."

Durante o isolamento da quarentena e o distanciamento social impostos pela pandemia, muitas vezes pensei em Virginia Satir, uma autora e psicoterapeuta reconhecida por sua abordagem à terapia familiar. Eu me lembrava de sua declaração: "Precisamos de quatro abraços por dia para sobreviver. Precisamos de oito abraços por dia para nos manter. Precisamos de doze abraços por dia para o crescimento".

Cada abraço, com duração de vinte segundos para maior eficácia, envia um efeito de bem-estar ao centro emocional do cérebro. É como enviar a mensagem "Que a paz esteja convosco" ao cérebro e ao corpo, o que, por sua vez, reduz a ansiedade. "Mais de 80% dos entrevistados em um estudo realizado na Suécia disseram ser apropriado abraçar um estranho que se encontra em um estado de luto."

Uma prática interessante relacionada ao tato, em especial para quem gosta de tecidos e suas texturas características, consiste em nomear seus sentimentos no início, durante e ao fim de uma onda de luto. Em seguida, designe um tecido para representar cada um desses sentimentos. Se, por exemplo, o medo pudesse ser sentido fora do corpo, que tecido o representaria melhor? E quanto à ansiedade e à tristeza? E a paz?

Em uma sessão de *branding* para a Faith & Grief Ministries, o artista me perguntou: "Se uma pessoa pudesse tocar a Faith & Grief, como você gostaria que fosse?". Eu refleti sobre a pergunta enquanto me imaginava em uma loja de tecidos, andando para lá e para cá pelos corredores e passando os dedos pelos rolos de materiais. Depois de refletir um pouco, respondi: "Caxemira".

Lembre-se da primeira vez e dos dias que se seguiram após a notícia de que uma pessoa querida havia morrido. Sentimos um entorpecimento inegável e nos sentíamos gratos, embora não totalmente conscientes, pelo contato de outras pessoas. Por mais estranho que possa parecer, nos sentimos gratos por não estarmos mais entorpecidos, embora agora sintamos dor em várias experiências. Nosso tato pode combater a dor. Já passou os dedos pelos cabelos ou torceu uma mecha ao redor do dedo? Já viu homens passarem a mão pela seda da gravata que estão usando? Já notou que crianças carregam mantinhas que precisam urgentemente ser lavadas e, no entanto, nem mesmo o adulto mais forte consegue retirá-las para lavar? Já percebeu que segurar um livro e tocar as páginas para virá-las nos dá a sensação de estar aterrados, bem firmes?

Visão

"Nossa linguagem está impregnada de imagens visuais", observa Diane Ackerman. Fazemos comparações entre objetos e usamos frases como: "Vi com meus próprios olhos", e, mesmo quando estamos ouvindo, dizemos: "Vejo o que você está dizendo".

Processar o próprio luto e observar pessoas de luto também são ações impregnadas de imagens visuais. Visitas ao túmulo, uma tradição que ficou menos frequente com o aumento do número de cremações, proporcionava um momento para a família e os amigos verem o falecido mais uma vez. Uma conversa inicial sobre o corpo do falecido pode soar como: "Ah, ele está tão bonito. Eu ainda consigo vê-lo sentado à mesa jogando paciência, usando aquele suéter marrom com recortes de camurça nos cotovelos. Eu realmente não posso acreditar que não vou mais vê-lo". Nós lembramos de como o nosso ente querido era, e o luto envolve essas recordações.

Dois anos depois que a irmã do artista norueguês Edvard Munch morreu, ele pintou *Morte no quarto da doente*. Na obra, pintou o quarto onde sua irmã morreu, cercada pela família, e também desenhou observadores dentro do quarto. Analisando a maneira como os membros da família estão sentados ou em pé, podemos identificar sem dificuldade qual deles é o "nós" no sofrimento sagrado. Munch é mais conhecido por *O Grito*, que algumas pessoas acreditam ser uma pintura que figura o próprio artista. Por meio dessas duas obras, temos um irmão no tempo, alguém que tinha uma percepção aguçada das emoções e respostas ao luto.

Percepção Intensificada

Navegar as ondas do luto com uma percepção intensificada dos nossos sentidos nos leva a uma compreensão mais profunda do luto e de nós mesmos. E navegar as ondas como um sensualista exige prática. Mas essa é a questão do luto, não é mesmo? As ondas sobem com frequência suficiente para praticarmos muito!

Quando uma onda de luto começa, preste atenção em qual dos seus sentidos ela está ativando. Se for o seu olfato, respire fundo para liberar a dor apertada em seu peito.

Se uma lembrança do seu ente querido ativar uma de suas milhares de papilas gustativas, tente mover a língua sobre o luto. Determine se é doce, amargo ou salgado. Você quer saborear a memória ou cuspi-la?

Ouvir a música e a letra de uma canção favorita de uma pessoa querida – ou talvez uma canção que parecia ter sido escrita para vocês dois – pode provocar uma onda que se converte em uma onda de luto. Deixe essa onda passar relembrando outras canções de que aquela pessoa gostava ou comece a dançar sozinho ao ritmo delas.

Quando uma onda se quebra sobre mim, vejo o sorriso magnético e muito fotogênico do meu marido. Ouço sua alegria espontânea. A onda atinge sua crista e eu o sinto me puxar para perto do calor do seu corpo, onde minha cabeça se aninhava naturalmente sobre seu coração. Quando a onda rola para a praia, estou ciente de que o toque do nosso abraço é natural, reconfortante e suspenso no amor. E eu me sinto plena de gratidão pelos meus sentidos, que desaceleraram a velocidade e a força dessa onda de luto específica.

Aprender sobre os sentidos e sobre as maneiras como eles modelam e impactam os processos do luto é algo que abre os nossos olhos (o trocadilho é intencional!). É emocionante saber que autores como Ackerman, pessoas interessadas em práticas espirituais e cientistas, são, todos eles, fascinados pelo despertar dos nossos sentidos para reduzir o estresse, promover conforto e prazer e descobrir mais sobre como as emoções são formadas.

As pesquisas da neurocientista Lisa Feldman Barrett a levaram a escrever *How Emotions Are Made: The Secret Life of the Brain* [Como as Emoções são Criadas: a Vida Secreta do Cérebro]. Barrett escreve: "A partir de *inputs* ou informações sensoriais e de experiências passadas, nosso cérebro constrói significados e prescreve ações". Esses são dois componentes importantes do ato de navegar as ondas do luto. Ela acrescenta que: "Com conceitos, seu cérebro dá significado à sensação, e às vezes esse significado é emoção". A importância de identificar e processar nossas emoções (que agora sabemos que são moldadas pelas informações sensoriais) é o foco do próximo capítulo.

A prática espiritual deste capítulo, a oração com objeto, concentra-se nos sentidos do tato e da visão. Essa oração está disponível às pessoas há gerações, por meio do uso de um rosário (católico ou protestante) ou segurando pequenos ícones, medalhões, conchas, pedras ou outros objetos considerados sagrados.

A prática ajuda a substituir emoções negativas, como ansiedade e medo, por emoções positivas de calma, paz e conforto.

Um projeto de pesquisa, que trabalhava com oito mulheres e dois homens, descobriu que orar com um objeto sagrado dava aos participantes "uma sensação de apoio emocional incondicional pelo divino, bem como uma orientação que os ajuda a permanecer com os pés no chão enquanto a vida desmorona ao seu redor".

Os participantes foram convidados a refletir sobre a experiência de orar com um objeto sagrado. Um deles respondeu: "Uau. Como posso descrever? É confortável. Uma grande onda de amor. Grande felicidade. Grande alegria. Grande paz... Profundo. Paz profunda, amor profundo, amor avassalador às vezes. Sinto que vou chorar agora só de pensar nisso... Só assim consigo expressar quão importante isso é para mim. Só sei que [alcançar Deus dessa maneira] é o que eu preciso fazer".

Outro participante observou: "As mudanças que acontecem quando você medita... são muito, muito graduais. Você não as percebe por si próprio. Outras pessoas talvez percebam que você está mais pacífico, mais calmo, mais paciente e bondoso".

Por favor, tenha em mente duas coisas ao experimentar as práticas espirituais deste livro. Você pode gostar mais de algumas do que de outras. É de esperar que isso aconteça. E observe que, como a prática faz parte da disciplina espiritual, é recomendável que você experimente cada uma delas várias vezes antes de decidir sobre suas preferências.

Prática Espiritual

Oração com Objeto

Ao longo dos séculos, a oração com objeto tem sido um meio de orientar as pessoas a se sentirem mais próximas de Deus e de seus entes queridos, vivos e mortos. A presença, a importância e o peso do objeto move naturalmente seu foco interno para uma meditação externa do objeto. Por meio dessa oração sensorial, memórias e emoções podem vir à tona. Observe-as. Navegue suas ondas enquanto segura o objeto. Você está nas mãos do Senhor, que não o soltará.

Para sua primeira prática, considere escolher um item que foi especial para seu ente querido ou que o represente de alguma maneira. Nos *workshops* e retiros que promovo, os participantes trazem uma grande variedade de objetos, como um copo de barbear do pai com sabonete e escova, uma fotografia, uma joia, um suéter que ainda guarda a fragrância da pessoa, e uma ficha com a receita favorita da família.

- Selecione um objeto que tenha significado para você e que seja fácil de segurar em suas mãos. Pode ser um objeto sagrado ou um objeto que pertenceu a uma pessoa querida, ou que o lembre dessa pessoa de alguma forma.

- Centralize-se com esta oração respiratória ou outra que você use:

  Inspire: *Santo Deus Vivo, aproxima-te*

  Expire: *Toca-me, cura-me, conforta-me.*

- Segure o objeto por alguns minutos, virando-o nas mãos e o envolvendo com seus sentidos. Entre "em contato" com os significados que ele tem para você. Examine sua forma e sua cor. Sinta sua superfície e sua textura. Caso tenha escolhido um item aromático, segure-o perto do nariz e inspire seu aroma devagar.

- Ponha o objeto de lado e coloque seus dedos médio e indicador na parte lateral do pescoço, perto ou sobre sua artéria carótida. Sinta sua pulsação e sinta a vida, a presença pulsante do Divino vibrando na ponta dos seus dedos. Descanse nessa percepção.

- Pegue seu objeto e continue a segurá-lo. Conte a Deus sobre suas dificuldades. Você pode tentar maneiras diferentes de segurar o objeto, inclusive o modo como você imagina que Deus seguraria suas angústias.

- Continue olhando para o seu objeto. Comece a orar para ser abençoado pela esperança prometida e pelas dádivas que virão por meio do sofrimento.

- Quando terminar sua oração, reserve um tempo de silêncio.

- Ao final do seu momento de oração, registre sua experiência. Pense em como você se sentiu ao segurar um objeto sagrado enquanto orava. Como o ato de segurar o objeto enriqueceu ou diminuiu suas orações? Como você pode incorporar essa prática em suas orações futuras?

Capítulo 5

Por que os Sentimentos são Importantes? Fazendo Amizade com as Próprias Emoções

É importante reconhecer todos os seus sentimentos e não se culpar por tê-los.
Seus sentimentos não são bons ou ruins; eles apenas são.

– Iyanla Vanzant

Wendy é uma boa amiga minha e uma das cofundadoras da Faith & Grief. Durante uma época em que ambas estávamos nos sentindo oprimidas pelo luto, decidimos participar de um retiro de fim de semana juntas. Encontramos um retiro em um mosteiro carmelita na Califórnia e nos inscrevemos.

Naquela primeira aula noturna do retiro de fim de semana, nossa facilitadora não perdeu tempo e nos guiou diretamente para o âmago do luto. Ela entregou a cada um de nós um giz de cera e uma folha de papel com cinco colunas de palavras que representam o espectro de sentimentos associados ao luto.

Essas palavras incluíam *abandonado*, *irritado*, *ansioso*, *amargurado*, *raivoso*, *corajoso*, *calmo*, *confuso* e *louco* – e esses são apenas alguns dos mais básicos. Nossa missão era circular cada palavra que sentíamos ou já tínhamos sentido em nosso luto.

"O quê?", um participante perguntou, surpreso. "Ninguém nunca me perguntou como eu *me sinto*. Eles apenas supõem que estou triste. E eu com certeza não sabia que havia tantos sentimentos!"

Nossa facilitadora, o cúmulo da calma, respondeu: "Que bom que agora perguntaram. Vá devagar. Leia cada palavra em silêncio e observe como sua mente e seu corpo se sentem quando você a repete várias vezes. Se uma palavra despertar uma memória ou se ela se destaca na página, circule-a. Em seguida, eu o convidarei a compartilhar alguns dos sentimentos que o surpreenderam e quais você se sentiu desconfortável em circular".

Analisamos a lista pouco a pouco e circulamos nossos sentimentos. Então estávamos ansiosas para compartilhar. Quando todos à nossa volta supõem que o luto é só tristeza, pode ser incrivelmente libertador receber palavras que representam as outras maneiras pelas quais esse luto é conhecido.

"É raiva!", exclamou uma mulher. "Eu nunca soube que podia explodir de raiva até meu marido morrer. Talvez seja mais próximo da fúria. Meus filhos adultos ficaram chocados e sem palavras. Eles nunca me viram em tal estado de turbulência emocional." Ela nos contou sobre uma noite logo depois que seu marido morreu. Foi na véspera do dia em que seus filhos teriam de voltar para suas casas, e eles decidiram pedir comida em seu restaurante chinês favorito. Seus dois filhos se ofereceram para anotar os pedidos. "Tudo ficou muito complicado, pois alguns queriam arroz integral, outros arroz frito e outros queriam arroz branco", ela nos contou. "Eu disse a eles que gostava de qualquer tipo de arroz e que pedissem para mim qualquer coisa, menos frango. Eu até disse: 'Frango não!' enquanto eles saíam pela porta. Bem, dito e feito, quando os meninos chegaram em casa e começaram a abrir todos os pacotes, cada um deles – todos os doze – tinha frango! Frango assim, frango assado, só frango, frango, *frango*!"

Os olhos dessa nova amiga brilhavam e seu rosto estava enérgico. Ela era uma contadora de histórias tão boa que agora metade da turma estava rindo.

"Eu explodi!", ela continuou. "Eu estava tão brava. Como puderam fazer isso? Soltei os cachorros na frente de toda a família. Ainda posso ver todos eles olhando para mim, incrédulos com minha explosão. Fui para a cama, irritada, e chorei muito."

Essa história rompeu a barragem de sentimentos represados para o restante de nós. Nós compartilhamos. Nós escutamos. Nós nos conectamos até a alma. Todos concordamos que a raiva muitas vezes acompanha o luto. Na verdade, como aprendemos naquele fim de semana, o luto nem sempre tem cara de tristeza, em absoluto. Às vezes, como nossa nova amiga nos ensinou, o luto tem cara de ficar bravo com seus filhos por terem trazido frango. E pode até soar como uma risada.

Todos os sentimentos são importantes – até mesmo aqueles que não fazem muito sentido no momento. Aprender palavras mais precisas para as emoções – e depois fazer amizade com elas – faz parte do trabalho de luto. À medida que damos nome às nossas emoções, nós as tornamos conhecidas, e as convidamos a falar. Todas as emoções, com seus diversos nomes, continuarão a vir à tona até receberem aceitação. As emoções, tal como as pessoas, querem ser respeitadas e reconhecidas pelo nome em vez de ignoradas, tratadas com sarcasmo ou transformadas em motivo de chacota. Vamos examinar algumas das emoções que muitas vezes vêm à tona em momentos de luto.

Raiva

A raiva tem muitos nomes: irritado, furioso, irado, zangado, bravo, aborrecido. Meu pai gostava de usar "profundamente ultrajado". A raiva é, muitas vezes, chamada de emoção secundária. Isso não significa que seja menos importante que outras emoções; em vez disso, significa que a raiva nunca acontece sem motivo. É o invisível, disse-me um profissional de saúde mental. É a emoção enterrada, que não estamos dispostos a enfrentar. Ela é incorporada em nossa necessidade primitiva de viver e de nos proteger contra agressões externas e dores ou traumas internos.

Muitas pessoas que vivem um luto admitem que a raiva mais intensa é dirigida a Deus. Dependendo da imagem de Deus com a qual crescemos, ter raiva de Deus pode ser assustador. (E se formos atingidos por um raio? Ou jogados para dentro da barriga de uma baleia?) Mas podemos lembrar uns aos outros de que nossa raiva é justificada. Deus não respondeu às nossas orações pedindo por um milagre. Deus não interveio para mudar as circunstâncias e nos dar o que precisamos e o que mais desejamos. E Deus não nos acordou em certa manhã com a boa notícia de que o nosso luto fora apenas um pesadelo.

Naquele retiro, todos nós começamos a compartilhar os caminhos que havíamos trilhado para liberar a raiva. As ideias incluíam:

- jogar cubos de gelo em uma cerca;
- matricular-se em uma academia de *kick boxing*;
- arrancar todas as ervas daninhas que invadem nossos canteiros de flores;
- enrolar um jornal e golpear um colchão;
- gritar quando estiver sozinho no carro.

Adicione sua própria ideia à lista. O que você faz para liberar a raiva?

Recentemente, fui até um caixa eletrônico para sacar minhas notas de vinte dólares para o mês. Depois de concluir a transação e pronta para sair de lá, não olhei no retrovisor e dei uma batida de leve em um carro que estava estacionado atrás do meu. Envergonhada, saí do veículo para avaliar o dano. Felizmente, não houve nenhum.

O dono do carro saiu furioso da sorveteria ao lado, com sua torre de sorvete na casquinha, e começou a gritar comigo. Pedi desculpas, mas duvido de que ele pudesse me ouvir. Sua raiva cáustica e seu fluxo de ódio jorravam em palavrões. Seu carro de vinte anos nunca havia sido batido antes, ele gritava repetidas vezes. Eu fiquei lá, congelada em estado de choque.

Finalmente, ele disse: "Sua v&@# idiota, vá para o inferno".

Não tenho certeza do que deu em mim em seguida. Mas, antes que eu percebesse, tinha soltado a frase que dizemos uns aos outros na igreja.

"Cristo esteja com você", respondi, enquanto voltava para meu carro.

Aproximando-se, ele disse: "O que você disse?".

Eu me virei e repeti.

"Bem, Cristo esteja com você também, sua filha da p*&%@!", respondeu ele. "Porque você vai precisar dele."

"Sinto muito, de verdade, por ter batido no seu carro", eu disse, enquanto ele se dirigia para seu carro. "Também sinto muito que você esteja passando por tantos desafios em sua vida."

Ele bateu a porta do carro e saiu rugindo do estacionamento enquanto eu fiquei lá, tentando recuperar o fôlego. Um dilúvio de pensamentos girava em minha mente. Estava aliviada por ele não ter uma arma, e feliz por Cristo estar comigo e também com ele. E até senti um pouco de gratidão por poder fazer compreender pelo menos um pouco a raiva daquele homem. Eu me perguntei que tipo de dor ou luto ele devia estar carregando. Eu me perguntei se alguém próximo a ele havia morrido e se ele se sentia impotente diante disso. E orei para que algum dia ele fosse capaz de reconhecer e dar nome a esse sentimento.

Desamparo

Ironicamente, a raiva tem a capacidade de nos fazer acreditar no mito de que estamos no controle de nossa vida. A raiva é uma maneira de encobrir nosso sentido de desamparo. Muitas vezes ficamos desamparados diante das circunstâncias: se somos amados por alguém, se uma pessoa querida permanece viva, a forma como outras pessoas respondem às circunstâncias, se as políticas de emprego são justas, ou se ocorrem atos aleatórios de violência, injustiça ou doenças terminais. E isso é apenas para citar algumas.

Quando uma pessoa amada morre, podemos nos sentir mais desamparados do que nunca. Alguns de nós até mesmo têm dificuldades para digitar a palavra "desamparado" porque resistimos com vigor a esses sentimento (e por "alguns de nós" estou me referindo a mim). A raiva é mais fácil.

De vez em quando, fico na frente do espelho e pergunto em voz alta: "Estou com raiva ou me sinto desamparada?". É surpreendente o número de vezes que reconheço que me sinto desamparada, em vez de sentir raiva. Quando reconhecemos que estamos desamparados, isso não é uma desculpa, nem uma rejeição do luto. Mesmo quando me sinto muito desamparada, ainda posso fazer escolhas responsáveis, e ainda preciso processar meu luto. Reconhecer esse sentimento é, na verdade, um ato de me render à verdade, o que me capacita a agir com sabedoria.

Naomi Oh, em seu ensaio *A Posture of Surrender* [Uma Postura de Rendição], descreve esse meu senso de empoderamento por meio da rendição. Ela escreve: "Quando escolho me render, sinto meu mundo se expandir. Há mais espaço em minha mente e uma sensação mais intensa de abundância, em vez de escassez. Em vez de me estreitar em momentos isolados com escrutínio, de me restringir a esses momentos, eu olho para o quadro geral. Imagino uma expansão de possibilidades e não apenas os desafios que devo suportar. Eu me permito ficar totalmente presente na dor e no desconforto".

No luto, nosso mundo fica menor, de fato. Isso pode ser uma bênção, pois não conseguiríamos lidar com nada maior. No entanto, concordo com Naomi Oh quando ela diz que é útil e saudável "olhar para o quadro geral" ou pelo menos passar algum tempo em nosso estado de entrega para imaginar e sonhar com possibilidades que podem estar incubadas em nosso desamparo. A rendição, segundo Oh, "não é a ausência de incerteza [ou desamparo], mas, antes, é o ato de reservar espaço para isso".

Medo

"O medo nos paralisa mais do que qualquer doença jamais poderia fazê-lo. Ele apanha o elevado bom senso e o transforma em gelatina", escreve Joan Chittister. O choque da morte, seja ele súbito, seja esperado, significa que o medo reverbera através de nosso corpo. Se *isso* pode acontecer, o que *mais* pode acontecer?

O marido de Teal morreu de uma parada cardíaca súbita enquanto ia para o trabalho certa manhã, deixando-a sozinha com seus dois filhos. Nos dias que se seguiram, Teal devolveu itens que havia comprado recentemente para receber os reembolsos; com a perda repentina do salário do marido, que reduziu a renda familiar em mais da metade, ela ficou muito preocupada por não poder sustentar os filhos financeiramente.

É raro que as emoções visitem nosso coração uma de cada vez. Elas gostam de companhia, e por isso costumam vir em pares ou até mesmo em grupos. Em circunstâncias típicas, não temos consciência da dinâmica entre nossas emoções. Depois de um longo período de doença dos pais, um participante perguntou: "Como é possível que eu me sinta ao mesmo tempo triste e aliviado?".

A percepção da mistura de emoções nos ajuda a compreender por que nosso estômago talvez fique embrulhado durante todo o processo de luto. Ao fazer um inventário emocional, eu me pergunto: "Estou com raiva, triste, feliz ou com medo?". Por vezes, minha resposta é: "Sim, todas as opções acima". Essas combinações de emoções ocorrem tanto em pessoas jovens como mais velhas. Depois que seu marido morreu, uma mulher que havia vendido sua casa de cinquenta e cinco anos e seu Honda de dez anos no mesmo dia compartilhou: "Fiquei tão aliviada! Eu queria comprar champanhe e comemorar com meus amigos. Mas, ao mesmo tempo, estava exausta e triste. Mudar é muito difícil e um pouco assustador. Estando de luto, é ainda mais do que apavorante. Receio não ser capaz de me adaptar à vida neste condomínio de aposentados sem meu marido e com tantas pessoas".

Depois da morte de sua esposa, C. S. Lewis escreveu *Grief Observed* (*A Anatomia de um Luto*) sob o pseudônimo de M. W. Clerk, porque não queria ser identificado com as emoções cruas compartilhadas no livro. "Ninguém nunca me disse que o luto era tão parecido com o medo", escreve Lewis no início do livro. "Eu não tenho medo, mas a sensação é como se tivesse medo. O mesmo tremor no estômago, a mesma inquietação, a exaustão. Não paro de engolir."

Vergonha

A vergonha emerge dos sentimentos negativos em relação a *quem somos*. Outros sentimentos, como a culpa, têm a ver com *o que fazemos*. Sementes de vergonha são plantadas na infância com experiências de ser abusado física ou emocionalmente ou de ser julgado pelas aparências, e não com base na autenticidade. Observe a ênfase e a repetição da palavra *ser*. Nosso próprio ser é muitas vezes preenchido com a vergonha que *outros* causaram. Nenhum de nós nasce cheio de vergonha.

A vergonha do luto ocorre quando as pessoas são ridicularizadas ou humilhadas por não sofrerem o suficiente (da maneira que os outros acham que deveriam sofrer) ou por não estarem plenamente de luto. Em um ensaio para o *Huffington Post*, Tim Lawrence escreve: "Um querido amigo morreu em um acidente de carro. Alguns meses depois, não sinto que tenha conseguido 'superar' o suficiente e as pessoas começaram a me dizer para seguir em frente. Então, escondo meu luto, ergo o queixo e permito que o cataclismo dentro de mim trema para sempre".

Esse tipo de vergonha também pode ser imposto a uma pessoa por não poder ou não conseguir lamentar a morte de pais, cônjuges ou filhos abusivos. Uma dessas pessoas foi abençoada por encontrar o compassivo rabino Shawn Zell, que compreendia. Zell escreveu um poema-oração, que começa assim: "Eu queria poder lamentar o vazio em minha vida / Agora que você se foi, *mas não posso.* / Posso, no entanto, preencher a vida de outras pessoas / Pondo um sorriso em seus corações". (O poema-oração inteiro está na seção "Recursos" no fim deste livro.)

Lawrence também observa: "Embora haja muitas razões pelas quais as pessoas sentem que não podem ficar de luto, a vergonha é a mais incapacitante. Somos rodeados pela vergonha em nossas jornadas de luto, e fazemos tudo ao nosso alcance para escondê-lo. O aspecto mais horrível da vergonha é que ela é silenciosa. Nós realmente não a vemos. Ela é um assassino silencioso". A vergonha é vista, ouvida e diminuída quando nos abrimos para as nossas vulnerabilidades e nossas histórias autênticas.

A variedade de raízes da vergonha torna difícil nomeá-la e desembaraçá-la quando esse sentimento aparece no luto. É especialmente benéfico buscar sabedoria com profissionais se o luto evocar sentimentos de vergonha ou se você se sente envergonhado dele. É muito provável que tenha levado anos para que sua identidade fosse envolvida no que os outros pensam e em como você foi tratado. Por meio de ajuda profissional, oração e disciplinas espirituais, chegará o momento em que um *flash* de luz divina brilhará, e a verdade começará a cantar que você é amado por quem você é.

Culpa

Embora aqueles que vivem no âmbito de culturas religiosas ou seculares ocidentais normalmente não façam amizade com a raiva, o desamparo, o medo ou a vergonha, muitos de nós gravitam ao redor da culpa. A culpa pode ser a principal emoção que as pessoas têm. Elas se sentem culpadas por procrastinar ações relacionadas a questões de saúde, relacionamentos e emprego. Depois que um ente querido morre, aqueles que permanecem muitas vezes se sentem culpados por terem passado dos limites e falado demais. Ou se sentem culpados por não terem dito "eu te amo", ou "sinto muito", ou "eu perdoo você". Por que a culpa parece gostar de aparecer no processo de luto?

Nossa cultura valoriza *o fazer*. Portanto, quando não há nada que possa ser feito – quando não podemos deter a metástase de células cancerosas ou um carro furando um sinal vermelho –, aqueles de nós que permanecem muitas vezes *fazem* essa culpa. Paradoxalmente, quase nos sentimos melhores quando sentimos culpa, mesmo quando não tivemos nenhum poder sobre o que ocorreu. Um amigo admitiu: "Quando sinto culpa, pelo menos me sinto no controle. Eu estou fazendo *algo*!". O problema é que sentir culpa não nos leva a lugar nenhum.

A culpa é como estar preso em uma porta giratória. Nós ficamos dando voltas e mais voltas, culpando a nós mesmos.

Quando manifestamos sentimentos de culpa na sequência da morte de um ente querido, nossos amigos talvez respondam: "Mas você *não deveria* se sentir culpado". Ou podem encerrar a conversa dizendo: "Você não deveria se sentir culpado". Tais respostas apenas nos incentivam a defender o sentimento de forma mais definitiva – o que nos mantém presos na porta giratória.

Um amigo atencioso que sabe o suficiente a respeito do peso do luto, às vezes, pode nos ajudar a sair da porta giratória dizendo: "Conte-me mais sobre sua culpa". Essa pessoa se importa o suficiente conosco para continuar nos ouvindo enquanto processamos o luto cru ou persistente. É provável que, ao conversarmos, também acabemos por reconhecer outros sentimentos.

Saudade

Agora é hora de reconhecer uma emoção de fala mansa, e tímida por natureza, contente em habitar sob uma luz suave. Saudade é o seu nome. *Sehnsucht*, seu correspondente alemão, é uma boa descrição. *Sehnsucht* representa o desejo saudoso de uma alternativa ideal. É a saudade que bate no coração, a melancolia que se esgueira depressa e em silêncio nas ocasiões de alegria ou no anseio por momentos do passado. Quando uma pessoa que amamos morre, a saudade é central.

A saudade está inextricavelmente ligada à condição humana, e no luto seu tamanho e sua intensidade aumentam. Um homem anseia reviver os últimos vinte segundos da vida de sua esposa – com certeza, ele a teria beijado mais uma vez. Uma jovem de luto pela morte de seu filho prematuro vagueia pelo setor de hortifrúti da mercearia, pesando repolhos. Ela anseia por encontrar e segurar um que pese pouco mais de 700 gramas, o peso de seu filho. Uma criança sofre para saber como é o céu desde que lhe disseram que fica lá a nova casa do avô. No abismo do nosso luto, ansiamos por tudo o que não podemos ter.

No entanto, de alguma forma, a tristeza tem uma maneira de se tornar uma dádiva espontânea de crescimento espiritual e autocompreensão. Nossas saudades são os suspiros ou lamúrias que articulam nossos valores mais elevados, profundos e duradouros – nossas alegrias, nossas conexões significativas, nossos amores.

O Coração que Desperta

A morte de um ente querido torna-se uma linha na areia do nosso tempo na terra, ou o que a escritora e consultora Elaine Gantz-Wright, cujo filho adulto morrera, chama de "a falha do luto" no trecho de seu ensaio que você leu no Capítulo 2. A falha do luto é uma linha que demarca com clareza um *antes* e um *depois* em nossa vida e nossa autocompreensão. Nesse período *depois*, temos uma abundância de oportunidades para aprender e para apreciar novas maneiras de ser e de compreender por meio de diferentes tradições e crenças.

Por exemplo, budistas guiam a nossa atenção para a palavra remorso, que tem o poder de transformar. Eles acreditam que ficamos cheios de remorso quando nosso "coração que desperta" reconhece que causamos dor aos outros e a nós mesmos agindo de alguma forma diametralmente oposta à nossa verdadeira natureza. Quantas vezes perguntamos a nós mesmos: "*Por que* eu disse aquilo?" ou "Eu *devia* ter passado mais tempo com ele ou pelo menos ligado para ele", ou "Eu *queria* poder ter aquele momento de volta". Nesse despertar, uma porta do nosso coração se abre para um convite: jurar que, na próxima vez que tal circunstância surgir, escolheremos agir de acordo com nossos anjos superiores. O sentimento de culpa nos condena, enquanto o humilde sentimento de remorso nos transforma.

Um tipo diferente de "coração que desperta" ocorre quando olhamos para trás em nossa vida e reconhecemos que aquilo que pensávamos ser um grande luto ou maldição tornou-se, de alguma forma, uma dádiva ou bênção cheia de espírito. Essa dádiva de cuidado da providência às vezes se revela com muita clareza em minha vida. Tenho ouvido histórias de como isso aparece na vida de outras pessoas.

Uma mulher e sua mãe choravam em meu escritório porque seu casamento havia sido cancelado de última hora. Muitos anos mais tarde, essa mesma mulher estava radiante ao me apresentar para seu noivo. "Alguém", disse ela, apontando para cima, "com certeza estava cuidando de mim!"

Um grupo de irmãos acordou com a notícia inesperada de que o pai havia morrido naquela manhã. Enquanto planejávamos a missa memorial, o irmão mais velho voltou a cabeça para o teto e parecia estar imerso em pensamentos. "No que você está pensando?", uma irmã perguntou. "Eu acabei de me lembrar de que o papai costumava dizer: 'Quando eu morrer, espero morrer de manhã em vez de trabalhar o dia todo e depois morrer à noite'. Essa lembrança de ouvi-lo dizer isso torna sua morte um pouco mais suportável."

Esses "despertares do coração" são exemplos de gratidão. Ela é a única emoção que não pode ser autodirigida. Não pode ser imposta ou forçada sobre nós, pois isso plantaria as sementes do ressentimento. A gratidão também se recusa a ser uma expectativa. Ainda me lembro da expressão de choque no olhar de um colega de confiança quando eu disse, exasperada: "Estou cansada de ser grata". Essa declaração honesta acabou sendo um antídoto – que, ironicamente, serviu para despertar meu coração para a gratidão.

Descobri o descanso quando parei de *procurar* coisas pelas quais sou grata e deixei os olhos do meu coração começarem a *perceber* o que está ao meu redor. Reconheço que essas duas perspectivas soam como uma só; no entanto, são experiências muito diferentes. Notamos expressões de um filho adulto idênticas às da falecida mãe. Notamos quando as pessoas nos deixam falar e evitam terminar nossas frases ou nos dar conselhos. Notamos as chamas dançantes das velas de aniversário. Notamos nosso coração despertando com gratidão.

Para a minha surpresa, descobri que às vezes posso até ser grata pelo meu luto. Ele destaca, sublinha e até mesmo amplifica pessoas, momentos e coisas que eu já havia notado e agora estimo. Frases da prosa de Kahlil Gibran, "Sobre a Alegria e Tristeza", tiradas do seu livro *The Prophet* (*O Profeta*), me trouxeram este despertar do coração: "Sua alegria é sua tristeza desmascarada... Quando estiver alegre, olhe profundamente dentro de seu coração e você verá que apenas aquilo que lhe deu tristeza é que está agora lhe dando alegria. Quando estiver triste, olhe de novo em seu coração e verá que na verdade você está chorando por aquilo que tem sido o seu deleite".

Seja Você Mesmo

Não podemos vencer o luto. Talvez seja por isso que às vezes tentemos nos esconder dele, pensando que é autoproteção. Preferimos realizar atividades que possamos aprimorar, alcançar ou nas quais possamos nos tornar bons. Atravessar o luto não é como aprender a amarrar os sapatos ou a grelhar um bife com perfeição. Em vez de almejar "ter sucesso" no que não pode ser dominado, podemos reconhecer que em cada luto que experimentamos, somos, ao mesmo tempo, novatos e profissionais.

Somos novatos porque cada luto é diferente. A morte de um dos pais é diferente da morte de um filho ou cônjuge. A experiência com um tipo de luto não serve como um paradigma para outro. Então, todas as vezes em que passamos pela experiência do pesar, vivenciamos algo novo. Ao mesmo tempo, também somos "profissionais" em nosso luto, pois ninguém pode nos dizer como sofrê-lo. Somos os especialistas em nosso próprio processo, mesmo que nem sempre nos sintamos assim. Nos acostumamos com o padrão de onda das nossas próprias emoções. Aprendemos, ou estamos aprendendo, a identificar os fluxos e refluxos.

Cada luto é pessoal e apresenta o próprio contexto; nossa família e nossos amigos provavelmente sofrerão o mesmo evento indesejável de diferentes maneiras. Tais diferenças podem causar uma desarmonia significativa, pois uma ou mais pessoas no grupo acham que todos os outros deveriam agir, sentir e responder de modo idêntico. Mas isso é impossível. O mais provável é que duas pessoas não sintam e reajam no luto da mesma maneira. Seja você mesmo.

O que *pode* acontecer é cada um honrar e respeitar respostas emocionais individuais dos outros. Se você for como eu, talvez precise se lembrar dessa verdade mais de uma vez para baixar a pressão arterial. Saber que as ondas do luto o atingirão de uma forma diferente de como atingem outra pessoa pode afastar nossa tendência de supor que todos sofrem da mesma maneira que nós. Como Henri Nouwen escreve: "Quando nos perguntamos, com sinceridade, quem em nossa vida é mais importante para nós, muitas vezes descobrimos que são aqueles que, em vez de dar conselhos, soluções ou curas, preferem compartilhar nossa dor e tocar nossas feridas com uma mão quente e terna".

Se, em seu processo de luto, você se vir reprimindo seus sentimentos ou abafando a desesperança ou o desespero dia após dia, tenha consciência de que você pode estar sofrendo de depressão situacional. A depressão recebe esse nome porque os sentimentos são deprimidos em vez de expressados. Se você acha que pode estar deprimido, é hora de buscar ajuda.

Talvez seja útil visualizar seus sentimentos imaginando que eles estão contidos em uma grande panela de sopa, tampada. Regularmente, é preciso erguer devagar a tampa para checar como as coisas estão fervendo. Não espere até que suas emoções fervam e transbordem, criando uma confusão de dor e sofrimento que poderia ser evitada consultando um diretor espiritual ou um terapeuta profissional e ingressando em um grupo de apoio ao luto. É claro que eu recomendo os grupos da Faith & Grief, que podem ser encontrados em faithandgrief.org e são oferecidos em formatos *on-line* e presencial. As emoções continuarão a vir à tona até que recebam o respeito que merecem, a compreensão pela qual anseiam e o desafio de crescimento que podem proporcionar.

Prática Espiritual

Meditação RAIN

Quando experimentamos um encontro com outra pessoa ou com uma emoção que faz com que nos sintamos vítimas de uma emboscada ou pegos de surpresa, afastados ou dissociados, ou completamente desnorteados, encontre algum tempo para realizar esta prática espiritual.

Michele McDonald, cofundadora da Vipassana Hawaii, cunhou a sigla RAIN para uma prática budista de meditação e *mindfulness* que pode ajudá-lo a ficar atento às suas emoções em qualquer situação. Tara Brach, em seu trabalho sobre a autocompaixão, popularizou ainda mais essa prática. RAIN significa Reconhecer o que está acontecendo; Aceitar a experiência em vez de ignorar ou negar; Investigar, com interesse, o que está acontecendo; e Não identificação, a fim de olhar para a experiência de forma objetiva, e não pessoal.

Como o trabalho do luto está repleto de uma ampla gama de experiências emocionais, familiarizar-se com essa prática e incluí-la em seu repertório de meditações pode ajudá-lo a fazer amizade com suas emoções.

- Prepare seu coração, alma e mente para meditar com esta oração respiratória ou outra de sua preferência.

  Inspire: *Santíssimo, dá-me sabedoria para ver*

  Expire: *o meu luto como Tu o vês.*

- *Reconheça* o que acabou de acontecer observando *quem, o quê, quando* e *onde* a experiência ocorreu, bem como seus sentimentos que emergiram e agora estão retrocedendo.

- *Aceite* seus sentimentos. Eles são legítimos; eles são reais! Você é um ser espiritual cheio de emoções.

- *Investigue* os meios pelos quais seus sentimentos se manifestam em seu corpo. Sua mandíbula está cerrada? Ombros afundados? Bochechas coradas? Cada vez que você localizar um sentimento, repita a oração respiratória e imagine sua respiração fluindo através desse local até que a sensação comece a se aliviar. Por exemplo: respire através da tensão muscular em sua mandíbula. Repita esta prática para cada local.

- *Não identificar* é um passo complicado que traz a possibilidade de diversão e desafio. Isso às vezes também é chamado de percepção "natural". Adote uma nova identidade. Em vez de ser o *participante* nessa experiência ou emoção, torne-se um observador. Você pode tentar ver a experiência como Deus ou um espectador atencioso a veria. Que coisas novas você percebe? Observe a experiência como se ela tivesse ocorrido a alguma distância, e não *dentro* de você. Essa distância é um espaço de liberdade.

- Reflita sobre essa meditação de quatro passos e escreva sobre seus pensamentos. Qual passo foi mais fácil? Qual foi o mais difícil? Por quê? Como você descreveria a meditação RAIN para um amigo? Se ela se tornar uma prática útil e você quiser aprender mais sobre ela, saiba mais em *Wide Awake* [Plenamente Desperto], de Diana Winston, e *True Refuge* (*Refúgio Verdadeiro*), de Tara Brach.

R	A	I	N
Reconhecer	**Aceitar**	**Investigar**	**Não Identificar**

Capítulo 6

Como Cuidar de Si Mesmo? Expressando Autocompaixão

Se a sua compaixão não inclui você, ela é incompleta.

– Jack Kornfield

A recessão do início da década de 1980 foi uma das situações econômicas mais graves desde a Segunda Guerra Mundial. Meu primeiro marido e eu éramos proprietários de uma loja de materiais de escritório naquela época. Durante os primeiros anos, vendíamos móveis, livros contábeis e lapiseiras. Mas, depois da recessão, as empresas locais recorreram ao comércio atacadista para obterem seus suprimentos por um preço baixo. Dia após dia, eu me enchia de tristeza causada pelo estresse de ver o nosso negócio afundar cada vez mais em dívidas. Tentava não pensar muito em nossas terríveis circunstâncias, mas a angústia era implacável. Eu me preocupava durante o dia e tinha pesadelos enquanto dormia.

Em busca de alívio emocional, iniciei um ritual diário. Eu me levantava da cama antes do amanhecer e me dirigia à minha poltrona verde favorita. Durante vinte minutos, eu me concentrava apenas nas minhas preocupações: nas minhas esperanças frustradas de possuir e operar um negócio de sucesso, nos meus medos da ruína financeira que fizeram a falência corporativa e pessoal parecerem iminentes, e na minha vergonha por estar fracassando. Eu oferecia a Deus os meus medos e lágrimas como uma oração de lamentação.

Então, durante o dia, sempre que sentimentos de destruição ou de fracasso interrompiam meu trabalho, conversas com amigos, ou momentos de alegria com meus filhos, eu falava diretamente com esses sentimentos. "Vou passar um tempo com vocês amanhã de manhã", eu dizia para as preocupações em minha cabeça. "Não me interrompam agora."

Antes de começar minhas manhãs dessa forma, eu gastava tanta energia tentando *não* pensar nos meus sentimentos negativos que ficava exausta e desanimada à noite. A energia consumida por esse esforço era como a de tentar empurrar uma bola de praia para baixo da superfície da água do mar: impossível!

Mas o que *era* possível para mim e o que pode ser possível para você era começar a oferecer compaixão a mim mesma. Anos mais tarde, um amigo me abordou depois do que chamo de um "dia zigue-zague": um dia de altos e baixos emocionais. Tinha sido um dia cheio de cuidado pastoral e de atendimento a necessidades de outras pessoas. Com uma sinceridade compassiva, meu amigo deu-me esta instrução memorável: “Fran, cuide-se. Ninguém mais o fará”.

Em dias em que reconheço que estou esgotada e em momentos em que fica claro que estou no limite, lembro dessa dose de conselho e de realidade que meu amigo me deu. Ninguém mais pode dar a você autocompaixão. Para demonstrar compaixão a nós mesmos, devemos responder a algumas questões fundamentais: O que é compaixão? O que é *auto*compaixão? O que torna a autocompaixão difícil? Por que ela é importante? E o que tudo isso tem a ver com o luto?

A Regra de Platina

Compaixão é a combinação de duas palavras: *com*, “com”, e *pati*, “sofrer”. Portanto, a compaixão, “sofrer com” ou “sofrer junto”, preenche-nos com o desejo de aliviar o sofrimento e nos leva a adotar tal ação. O princípio por trás desse comportamento ético é a crença de que os seres humanos estão interconectados em tal grau que, quando alguém sofre, somos levados a *sofrer com* essa pessoa e a participar ativamente no alívio ou na redução do sofrimento.

Todas as principais religiões do mundo reverenciam a compaixão, como se pode ver na Regra de Ouro: *Faça aos outros o que gostaria que fizessem com você*. A autocompaixão nos pede para inverter o lema e compreender a regra às avessas: *Faça para você mesmo; e então, faça o mesmo para os outros*. Talvez essa nova redação e compreensão deva ser chamada de Regra de Platina.

Vamos ler e refletir de novo sobre essa Regra de Platina: Faça para você mesmo; e, então, faça o mesmo para os outros.

Você pode ter sentido um calafrio ao ler a Regra de Platina. A reação espontânea pode ser resultado de nunca ter levado suas necessidades e seus desejos a sério. Muitos indivíduos em profissões de cuidados são "focados nos outros" e têm pouca ou nenhuma experiência em *receber* cuidados. Como seria o cuidado deles com os outros se eles primeiro cuidassem de si mesmos?

Em um nível mais profundo, você pode ter sentido o calafrio porque nunca apreendeu o intenso amor e desejo que Deus tem para que *você seja* e *se torne*. As maiores influências na minha vida vêm de homens e mulheres que, pela graça, pela fé, pelas dúvidas e pela fé renovada, acreditam que são amados pelo Criador de toda a vida. Tal crença, por sua vez, os encheu de uma abundância de amor por outras pessoas. Então, se você sentiu um calafrio, aguente aí um momento. Continue lendo e, se puder, permita-se sentir uma curiosidade aberta pelo amor e pela graça não reivindicados de Deus.

Minha professora da catequese, quando eu estava no ensino fundamental, usava o acrônimo JOY (alegria) para tornar suas aulas memoráveis. Ela garantia à minha classe que esse fruto do Espírito – a alegria – estaria disponível para nós se amássemos Jesus primeiro, Outras pessoas em segundo lugar, e você mesmo (Yourself) por último. Afinal, Jesus disse: "E um segundo [mandamento] é como [o primeiro]: Amarás o teu próximo como a ti mesmo". Talvez você também tenha recebido lições semelhantes.

Ao longo dos meus anos de serviço pastoral, encontrei-me com pessoas que seguiram essa lição. Ao longo de suas vidas, elas colocaram Jesus em primeiro lugar, os outros em segundo e a si mesmas – ora, elas se colocavam em último lugar. Elas vinham ao meu escritório e vomitavam palavras de autocondenação como: *Eu não sou boa o suficiente. Eu devia ter feito mais. Eu fico brava comigo mesma quando as coisas não saem conforme o planejado*. Essas pessoas expressavam ressentimento e desespero: *Por que eu deveria me preocupar com isso? Ninguém é grato por tudo o que fiz*. Fechavam olhos e diziam, como uma oração de confissão: Estou tão exausta.

Eu esperava até que seus olhos se abrissem, e então dizia: "Posso imaginar que você se sente exausta. Que ato de bondade você poderia oferecer a si mesma hoje? Elas olhavam para mim como se eu tivesse acabado de falar em latim. Eu repetia a pergunta: Que gentileza você poderia oferecer a si mesma hoje? Ainda assim, a maioria delas parecia estar completamente perdida. "Isso não seria egoísta da minha parte?", alguns diriam. "Não deveria priorizar os outros em vez de mim?"

Juntos, então, refletíamos sobre a seguinte questão: "Como podemos oferecer compaixão e bondade aos outros se essas virtudes estão em falta ou esgotadas em nós mesmos?".

Em seu livro *Fierce Love* [Amor Feroz], a reverenda dra. Jacqui Lewis descreve *ubuntu*, uma palavra xhosa da África do Sul que significa, em sua essência, "Eu sou porque você é". *Ubuntu* reconhece o valor interior de cada ser humano – a começar por você mesmo. O *ubuntu* nos leva a considerar como nosso mundo seria se os seres humanos, em primeiro lugar, aceitassem e enchessem o coração com o amor, a compaixão e a bondade de Deus para si mesmos – e então compartilhassem o conteúdo do próprio coração com os outros. Para enfatizar a ética de longo alcance do *ubuntu*, Lewis dá ao Capítulo 1 de *Fierce Love* o título: "Ame-se Incondicionalmente: Tudo Começa Aqui".

A busca pela perfeição nos torna incapazes de aceitar essas dádivas oferecidas por Deus a nós e nos torna incompetentes para a prática da autocompaixão. Ficamos divididos entre nosso desejo e nossa incapacidade para autogerar, merecer ou ganhar essas dádivas. Essa luta contínua produz uma conversa de autocrítica, autoaversão e indignidade. Ela esgota nossa energia e drena nossa compaixão por nós mesmos. A dra. Kristen Neff, uma pesquisadora pioneira no estudo da autocompaixão, nos ajuda a compreender que essa tagarelice interior tem origem no fato de ignorarmos nossos sentimentos. Por isso, reconhecê-los é um ato de autocompaixão. Ela sugere cultivar a autocompaixão de maneira semelhante àquela que praticamos para fazer amizade com nossos sentimentos no capítulo anterior. Os benefícios de cultivar a autocompaixão são especialmente úteis no processo de luto.

Estudos citados por Neff concluem que indivíduos autocompassivos têm mais interesse em metas de aprendizagem do que em metas de desempenho. "Pessoas com metas de aprendizagem são motivadas pelo desejo de desenvolver novas habilidades e de dominar tarefas", escreve ela, enquanto "pessoas com metas de desempenho são motivadas principalmente pelo desejo de defender ou de aprimorar o próprio ego... e sentem que precisam ter um desempenho melhor do que os outros para se sentirem bem consigo mesmas." No luto, aprendemos, logo de cara, que não há como "ser melhor" do que outra pessoa, e que não existe uma lista com itens ou etapas a serem riscadas. Há, no entanto, muito a aprender a respeito da natureza e a dinâmica do luto e sobre nós mesmos no processo.

Quando meu marido serviu como reitor acadêmico em um seminário, ele encontrou muitos estudantes motivados pelo desempenho. Ele os descrevia, com bom humor, como estudantes que procuravam um burro para monta na cidade. Quando um aluno recebeu um B em sua aula de culto, ele foi à reitoria e desabou, porque nunca havia recebido nota inferior a um A. Depois de muito lero-lero, Bob conduziu o aluno ao escritório de registros acadêmicos, onde mudou a nota B para um A, e disse: "Agora talvez você possa se concentrar em aprender".

Não há notas no luto. Não há láurea acadêmica. Nós apenas avançamos, um dia, ou mesmo uma hora, de cada vez. No entanto, com cada história contada e ouvida, percepção adquirida e disciplina espiritual praticada, desenvolvemos nossas habilidades para lidar com o luto e nos tornamos mais confiantes em nossas intuições. Aqui não há desempenho, apenas aprendizado.

Neff escreve: "Estudos indicam que outra dádiva da autocompaixão está no fato de que ela promove um crescimento em vez de uma mentalidade fixa". A psicóloga Carol Dweck cunhou esses termos. Uma mentalidade fixa presume que certas características, como a inteligência, são basicamente inerentes e imutáveis. Se temos uma mentalidade de crescimento, acreditamos que as pessoas podem se desenvolver e melhorar com esforço e tempo. Com este livro em mão, você já reconheceu ter curiosidade sobre a espiritualidade do luto, estar aberto a possibilidades e a maneiras de navegar pela jornada do luto, e tem uma consciência aguçada de que a vida, incluindo cada pedacinho de você, não é fixa. Somos seres dinâmicos capazes de crescer. Durante o meu divórcio, queria melhorar em vez de me tornar uma pessoa amargurada pelo luto. Eu me sinto da mesma maneira desde a morte de Bob.

Infelizmente, pessoas com mentalidade fixa, que acreditam que não há nada de positivo que possa ser feito no processo de luto, talvez sejam aquelas que vivem a vida em estado de negação ou evitação a todo custo. Se, ou quando, elas falam de seu luto, geralmente levantam as mãos em sinal de derrota e dizem: "É assim que as coisas são". Parte disso é verdade. Sim, uma pessoa amada morreu. Não podemos mudar esse fato. Outra parte disso é falsa. Podemos desenredar o emaranhado de emoções que dificulta para nós engolir, dormir ou ver esperança, e podemos dar nome a elas, uma por uma. Podemos fazer amizade com essas emoções, com compaixão.

"A autocompaixão não apenas promove a crença de que o crescimento é possível, mas também aumenta nossa capacidade de trabalhar para isso", escreve Neff. Já temos consciência de que o luto é trabalho. E trabalhar consome energia. Se cairmos na armadilha da autocrítica, gastaremos toda a nossa energia. Nos tornaremos derrotistas desgastados. E mesmo quando a prática da autocompaixão exigir algum foco, ela ainda valerá a pena.

Outra maneira de afirmar a Regra de Platina é amar os outros assim como Deus nos ama. Então, embora não devamos jogar fora a Regra de Ouro, talvez precisemos, às vezes, transformá-la em algo totalmente novo ou mudar sua direção. Só podemos amar os outros na medida em que nós mesmos experimentamos o amor. Nós amamos como somos amados.

Ao longo dos anos, tenho visto de perto a alegria de participantes dos *workshops* de luto e amigos que começaram a praticar a autocompaixão. Depois da morte do marido, uma colega de carteado comprou um sofá estampado de flores que lembrava o jardim de Monet. No início do casamento e enquanto criavam seus dois filhos, os sofás eram sempre xadrez em tons de joias ou listrados de bege e azul-marinho – nunca flores. Outro amigo escolheu sentar-se à mesa na cadeira da falecida esposa quando filhos e netos vieram jantar. Ele disse: "Assim, posso ver os membros de nossa família como ela os via. Isso me dá conforto e faz com que eu me sinta próximo dela". Outro amigo comprou um miniveículo recreativo e viajou pelo condado visitando parques nacionais e amigos pelo caminho. Um filho adulto contou aos amigos de seu grupo de luto que, depois que sua mãe morreu, ele começou a praticar a autocompaixão de maneira semelhante a como sua mãe havia feito quando estava de luto pela morte do marido, seu pai. Ele comprava buquês de flores no supermercado e os colocava no vaso que sua mãe sempre usava.

Espero que você adicione itens a esta lista e compartilhe ideias comigo. Uma maneira de começar a praticar a autocompaixão é ouvir seu coração. Quando o ouvir dizendo: "Eu gostaria de fazer isso", diga "Ok!".

O que Seria Necessário?

Práticas de autocompaixão, sejam elas religiosas ou não, nos ajudam a pôr um valor no nosso amor, o preço que pagamos agora que nosso ente querido morreu. "A dor do luto faz parte da vida tanto quanto a alegria do amor", escreve o dr. Colin Murray Parkes em *Bereavement: Studies of Grief in Adult Life* (*Luto: Estudos Sobre a Perda na Vida Adulta*). "Talvez seja o preço que pagamos pelo amor, o custo do compromisso."

A autocompaixão vem sob tantas formas quanto há pessoas neste mundo. A prática espiritual deste capítulo nos leva para fora, para a natureza. Conforme já aprendemos no Capítulo 4, estar presente no momento por meio dos cinco sentidos pode nos ajudar no luto.

Ontem meu neto, Trey, e eu ficamos ao ar livre desde o meio da manhã até depois do pôr do sol. Nós alternamos entre fazer cestas de basquete e jogos de beisebol. A chuva da manhã fez com que a grama sintética ficasse especialmente macia sob nossos pés descalços. Durante o intervalo, ouvimos pássaros cantando, vimos os rastros dos aviões evaporarem e sentimos o cheiro do churrasco do vizinho. Antes de entrarmos, uma lua crescente chamou nossa atenção, e ficamos em silêncio, maravilhados em um sabrado olhar fixo. Só de estarmos lá fora já era uma forma de cura.

O que seria necessário para você ser gentil consigo mesmo? E como o ato de passar um tempo na natureza pode mudar a forma e o peso do seu luto? Francamente, não importa se você pratica autocompaixão caminhando, cuidando do jardim, sentando-se em um banco no parque ou jogando baralho (minha forma favorita!). O que importa é que, a partir de agora, você pratica a Regra de Platina. Ame a si mesmo como Deus o ama. Quando você tiver dificuldade para encontrar algum amor para si mesmo, deixe que isso sirva como um lembrete de que o amor de Deus é ilimitado. Permita que o amor pela pessoa por quem você sofre o luto se transforme em autocompaixão. Permita que esse amor o preencha para que a compaixão que você estenda aos outros venha da abundância de seu coração.

Prática Espiritual

Passeio ou Descanso em Meio à Natureza

Natureza, do latim *natura*, significa nascimento. Escolher intensificar a percepção dos sentidos na natureza dá origem a novas perspectivas. Essas novas perspectivas podem nos dar sugestões do que a jornalista Yasmina Abou-Hilal chama de "novas maneiras de lidar com nossas tarefas diárias, sentimentos e emoções". Observe a mudança de cores do nascer ou do pôr do sol ou escute o canto dos pássaros. Segure um ramo de madressilva, retire um dos pequenos pistilos de dentro da flor e saboreie a doce gota de néctar que sai dele. A Natureza "tem efeitos mágicos em nossa mente, corpo e espírito"; em outras palavras, estar na natureza é uma forma de autocompaixão. Planeje um passeio pela sua vizinhança ou sentar-se em um banco confortável em um parque próximo. Se não puder sair de casa, acomode-se perto de uma janela e observe.

- Prepare seu coração, mente e alma com uma oração respiratória.

  Inspire: *Criador de tudo o que existe*

  Expire: *Guia-me, abre-me à maravilha*

- Comece seu passeio com a expectativa de se encantar. Continue com a atenção alegre pelas características comuns da natureza. Apenas preste atenção.

- Selecione algo no mundo natural ao seu redor que chame sua atenção. É uma folha? Um falcão? Uma flor de hibisco? Uma joaninha? Ou melhor ainda, permita que o elemento selecione *você*. Mantenha sua atenção no objeto natural, observando-o de diferentes ângulos.

- Ative a imaginação da sua fé fazendo ao elemento escolhido duas ou três das perguntas abaixo, ou fazendo suas próprias perguntas. Permita que o elemento faça as mesmas perguntas ou perguntas diferentes a você.

  Por quem você gostaria de ser notado?
  Do que você mais gosta em si mesmo?
  Qual hora do dia você prefere?
  Como sua aparência muda a cada estação?
  Qual é a sua estação favorita?
  Que pequena porção de sabedoria você deseja compartilhar comigo?
  Quando foi a última vez que alguém o notou e prestou atenção em você?
  Pelo que você gostaria que eu orasse em seu nome?

- Depois do passeio, reflita e escreva sobre sua experiência. Escreva uma data específica em que você se fará essa prática espiritual de novo.

Capítulo 7

Como Viver o Luto Juntos? Evitando o Torpor

O que nos separa dos animais, o que nos separa do caos, é nossa capacidade de lamentar a morte de pessoas que não conhecemos.

– David Levithan

Marla foi informada pelas enfermeiras de que seu marido, Louis, estava perto da morte, vitimado pela Covid-19. Ela e seus filhos correram para o hospital, onde viram, por uma janela, Louis dar seu último suspiro. Mesmo assim, em meio à descrença que muitas vezes marca os primeiros dias de luto, Marla continuava pensando: "Talvez não fosse ele de verdade".

A equipe do hospital não conseguiu vestir Louis para o enterro. Só conseguiram cobri-lo com o cobertor que Marla havia trazido de casa. A família de Nova Jersey não pôde se reunir pessoalmente, então eles fizeram shivá* *on-line*. O coração de Marla ficava ainda mais dilacerado quando via seus pais, em um monitor de computador na Flórida, lamentando a morte do genro, que amavam como um filho. "Era inacreditável que eles não pudessem estar presentes comigo e meus filhos", disse Marla. "Mas não era seguro."

Durante a pandemia, outra mulher, uma viúva de 80 anos de idade levou seu único filho, adulto, a um hospital quando seus sintomas de coronavírus pioraram. Incapaz de entrar com ele, ela estacionou sob o pórtico do hospital e observou-o entrar no pronto-socorro com uma dificuldade febril. Enquanto assistia à cena, ela se perguntava se o veria, se falaria com ele ou se o abraçaria de novo.

"Estou com raiva pra $@#*&%!" disse Jack, filho de uma mulher que morreu de coronavírus. "Com raiva por não poder estar com ela quando ela precisava de mim, com raiva de meus irmãos que não estavam lá e que não pareciam se importar como eu, com raiva porque ninguém além de mim parecia saber quão valiosa ela era para este mundo!" Quase um ano depois da morte de sua mãe, a raiva repleta de luto de Jack ainda pesava sobre ele, prejudicando sua capacidade e seu anseio de lidar com a vida diária.

A pandemia mudou a anatomia do luto, do pesar e da lamentação. O luto abrange tudo, e ainda assim a pandemia exigiu que nos isolássemos da própria interação social e dos rituais

---

* No judaísmo, *shivá* é o período de luto, que dura sete dias. (N. do T.)

espirituais que nos trazem apoio e conforto. Para aqueles que perderam entes queridos durante a pandemia, os amigos e familiares que normalmente se reuniriam quando a morte é iminente foram, por necessidade, afastados. Rituais espirituais após a morte – como fazer o *shivá*, realizar funerais, rezar missas em homenagem aos nossos entes queridos ou cultuar em comunidade – foram eliminados, adiados ou reconfigurados com assistência da tecnologia. Estávamos dissociados não apenas de uma pessoa amada que morreu, mas também do conforto da família e dos amigos, e do consolo dos rituais que marcam a vida e a morte.

Mesmo aqueles de nós que não perderam um ente querido para o coronavírus relataram ondas de luto e tristeza que ameaçaram derrubá-los. Dois terços dos entrevistados em uma pesquisa *on-line* realizada em 2021 descreveram a pandemia como um luto que diminuiu sua capacidade de desempenhar seu papel como pais, de estar com as pessoas que amam e/ou de fazer bem seu trabalho. Lutos novos e inesperados também se acumularam, conforme pais e mães se preocupavam com a saúde mental e o bem-estar dos filhos que estudavam na modalidade remota e em reuniões grandes e pequenas – aniversários e festas de aposentadoria, casamentos e eventos de organizações seculares e religiosas – tiveram de ser canceladas, remarcadas, e em muitos casos canceladas de novo. Os níveis de desânimo e ansiedade aumentaram quando as pessoas perceberam que não havia um fim claro para os novos protocolos ou decretos.

Aqueles de nós cujos entes queridos morreram *antes* da pandemia também foram afetados; separados de muitos dos sistemas de apoio que tínhamos anteriormente, ficamos à deriva, desamparados e solitários. Robert Neimeyer, diretor do Portland Institute for Loss and Transition (Instituto Portland para Perda e Transição), descreve os enlutados pela Covid-19 como tendo um luto "pesado e pegajoso, que não cede à passagem do tempo".

Luto pesado e pegajoso: essa descrição é adequada. A pandemia interrompeu nossa capacidade de viver o luto com outras pessoas. Qualquer luto experimentado em solidão se torna um peso, e é difícil nos movermos debaixo dele. Reunir-se com outras pessoas que estão de luto não traz nosso ente querido de volta, mas nos ajuda a metabolizar o horror e a tristeza.

Como o isolamento molda nossa dor? Quais são os rituais e apoios que podemos oferecer uns aos outros em momentos de luto? E como podemos nos conectar com outras pessoas de confiança de uma maneira que nos ajude a carregar o peso pegajoso do luto?

Alerta Global, Luto Comunitário

A consciência de que milhões de pessoas morrem em consequência de um cataclismo global ou catástrofe nacional – um vírus, uma guerra, um terremoto, um incêndio florestal – pode nos sobrecarregar e nos entorpecer. Se os números estão além da compreensão, os nomes também estão totalmente fora de alcance. Nos esforçamos para imaginar as inúmeras famílias e amigos que passaram a viver o luto – e ainda vivem. Os milhões de pessoas falecidas tinham habilidades e talentos imensuráveis que abençoavam nosso mundo, e que agora se foram.

Um evento como uma pandemia, um desastre natural ou uma guerra é, ao mesmo tempo, imenso demais para que nosso cérebro o compreenda e horrível demais para ser ignorado. Durante a pandemia global, nossas perdas foram grandes demais para serem quantificadas e íntimas demais para serem desconsideradas.

Quando os sintomas físicos da Covid-19 começam e se intensificam, as respostas emocionais do paciente e da família fazem o mesmo. Quando um diagnóstico é confirmado, todos entram em um estado de alerta intensificado. E a incapacidade de estar perto de um ente querido que luta contra a Covid-19 em casa é agonizante. Não poder estar com um ente querido que está hospitalizado – ofegando em busca de ar, lutando contra a febre e os calafrios, ou vivendo por um triz respirando apenas por meio de um ventilador mecânico – é tortuoso. Queremos estar presentes ao lado das pessoas que amamos que correm perigo, para transmitir-lhes palavras de amor e incentivo, para dar-lhes a mão ou enxugar-lhes a testa, para defendê-las e oferecer orações em voz alta ou em silêncio. Ser mantido afastado das pessoas que amamos durante uma crise de saúde pública está em oposição direta aos nossos instintos naturais.

O isolamento provocado pelas medidas de restrição confundiu e complicou esse luto e essa ansiedade. Sabemos que os efeitos da pandemia sobre nossa saúde física e os efeitos do isolamento social sobre nossa saúde mental foram enormes. A psicóloga Julianne Holt-Lunstand escreveu: "Uma vez que os seres humanos são uma espécie social, essa é a nossa biologia sinalizando uma necessidade de reconexão social, assim como a fome sinaliza a necessidade de comer, e a sede sinaliza a necessidade de beber água. A proximidade a outras pessoas, em especial pessoas de confiança, sinaliza segurança. Quando nos falta proximidade de pessoas de confiança, nosso cérebro e corpo podem responder com um estado de alerta intensificado".

Há poder de cura no companheirismo ou na camaradagem. Quando nossas comunidades se unem para a cura, isso ajuda no processo de cura para todos. "O luto comunitário oferece algo que não podemos obter quando vivemos o luto sozinhos", escreve o escritor e ativista burquinense Sobonfu Somé. "Por meio do reconhecimento, da validação e do testemunho, o luto comunitário nos permite experimentar um nível de cura que é profunda e intensamente libertador."

A pandemia foi um exemplo de luto comunitário; vamos examinar apenas mais dois. Embora não tenhamos tempo de examinar todas as maneiras pelas quais o luto pode atingir comunidades inteiras, podemos reconhecer alguns elementos comuns.

Tiroteios em Massa

O luto comunitário e nacional é de longo alcance – atravessando montanhas, pradarias e desertos, e serpenteando para dentro de nossa psique. A cada tiroteio em massa, o luto devasta nossas comunidades. O efeito cumulativo desse luto deixa as comunidades traumatizadas e mudadas para sempre. Até 24 de maio de 2022, já haviam ocorrido 212 tiroteios em massa nos Estados Unidos apenas durante esse ano (vinte e sete deles em escolas). De acordo com o Gun Violence Archive (Arquivo de Violência com Armas de Fogo), os Estados Unidos encerraram o ano de 2021 com 693 tiroteios em massa; 2020 com 611; e 2019 com 417.

O choque imediato e entorpecedor causado pelo luto não aliviou o horror de ouvir a notícia de mais um tiroteio em massa, dessa vez em Uvalde, no Texas, que matou dezenove crianças e dois professores. Na manhã seguinte ao tiroteio em Uvalde, depois de me revirar na cama ouvindo o som de uma chuva torrencial durante a noite, decidi dar um passeio. Nuvens acinzentadas enchiam os céus. Havia um frio no ar da manhã que parecia idêntico à temperatura do meu sangue. Andei e orei, andei e orei. Percebi que os pássaros da vizinhança estavam em silêncio. Brisas balançavam as árvores, derramando gotas de chuva sobre a minha cabeça. A cor melancólica do dia, os pássaros sem canto, as lágrimas das árvores: parecia que toda a criação estava de luto. Senti um pouco de conforto por estar em sincronia com a natureza.

A caminhada transformou pedaços da minha tristeza em uma convicção renovada para a ação: ser um instrumento de mudança e de compaixão. Quando vivenciamos o luto em uma escala nacional, como um tiroteio em massa, podemos descobrir que transformar a fúria e a tristeza em ativismo e compromisso faz parte da solução.

Suicídio

Certa manhã, durante a função paroquial, recebi um telefonema informando que um jovem havia cometido suicídio. Fui até a casa da família, e, enquanto estacionava o carro, vi outros pais levando os filhos para a escola e passeando com seus cães. Na varanda da família, havia dois vasos de terracota com gerânios vermelhos, um de cada lado da porta. Tocando a campainha, pensei que tudo parecia tão lindo e normal que quase me perguntei se a notícia era real.

Mas, quando o pai do jovem abriu a porta, a desolação em pessoa estava diante de mim. Sem dizer uma palavra, ele me levou até a cozinha onde sua esposa, vestida com um roupão, estava apoiada sobre a pia enquanto encarava a janela com um olhar vago. Tudo estava quieto. Foi como se as cortinas de silêncio do sofrimento caíssem do teto até o chão.

Depois de um suicídio, familiares e amigos ficam chocados com descrença e consumidos por perguntas. Nós tendemos a acreditar que, se soubéssemos o porquê, seríamos mais capazes de reconciliar nosso luto. Somos assombrados por anos por litanias que evocam diversos cenários dizendo: "e se tivéssemos...", à espera de percepções esclarecedoras para nossa dor avassaladora.

Os colegas da escola de Grant Halliburton votaram nele como a pessoa Mais Provável de se Tornar um Artista Musical e o qualificaram, no anuário dos veteranos do último ano, como o Cara mais Legal do Campus. Em 2005, aos 19 anos, Grant cometeu suicídio. Seus familiares decidiram mudar a litania de perguntas para uma litania de possibilidades. Eles perguntavam: "*E se* formarmos uma rede de recursos de saúde mental para crianças, adolescentes e jovens; promovermos uma melhor saúde mental; e prevenirmos o suicídio?". Em 2006, meses depois da morte de Grant, sua mãe, Vanita, seu pai, Alan, e uma de suas irmãs, Amy, abriram a Grant Halliburton Foundation para responder às suas perguntas, fazer outras perguntas e fornecer recursos para jovens e suas famílias. Hoje, Vanita e Amy ajudam famílias e jovens a reconhecerem os sinais de doenças mentais através de vários caminhos, incluindo educação em saúde mental, colaboração, incentivo e informação.

Depois do suicídio de seu pai, o autor e editor Albert Y. Hsu disse: "O que tem sido útil para mim é a compreensão de que meu pai não se matou para me abandonar. Ele fez o que fez para acabar com a própria dor, não para causar dor a mim". Essa verdade o libertou para realizar pesquisas contínuas, escrever e falar com sobreviventes de suicídio com o intuito de trazer medidas de conforto por meio de sua experiência e sabedoria. Outro inestimável recurso é a AFSP (American Foundation for Suicide Prevention – Fundação Norte-Americana para Prevenção do Suicídio). Unidades locais em todo o país realizam conferências e atividades para intensificar a percepção dos recursos disponíveis às famílias e às comunidades em geral.

Separados do Ritual

A pandemia nos levou a reapreciar os rituais informais e formais envolvendo a morte de uma pessoa amada, aos quais não dávamos o devido valor. Talvez não estivéssemos cientes do valor intrínseco do luto compartilhado que vem desses rituais. Tínhamos pouca noção da magnitude do conforto proporcionado quando amigos e colegas apenas aparecem à nossa porta sem outro motivo além de compartilhar do sofrimento presente. Os atos de abraçar em silêncio, de enxugar lágrimas, de compartilhar histórias ou anedotas e de trazer comida para o corpo e para a alma suavizam a dor do luto.

O jornalista Karan Johnson escreve que, de acordo com cientistas, essas práticas informais e formais "convencem o cérebro da constância e da previsibilidade, pois os rituais protegem contra a incerteza e a ansiedade". Quando o cérebro não tem esses mecanismos de proteção, às vezes ele fica maluco.

A incapacidade de praticar rituais de fé formais deixou sobreviventes ansiosos e irritados enquanto decidiam o que fazer. Assim como ela temia, a octogenária que conhecemos no início do capítulo não pôde falar com o filho ou abraçá-lo de novo. Em vez disso, ela ficou ao lado de seu túmulo para uma breve cerimônia, a dois metros de distância do ministro e do diretor da funerária. Os três eram as únicas pessoas presentes no funeral de seu filho na era da Covid.

Depois que seu marido morreu, Tena se viu em um estado de luto visceral – e também em um dilema sobre o que fazer para realizar uma missa memorial. Família e amigos moravam tão longe quanto a distância entre a costa leste (Flórida) e a costa oeste (Washington). Seu pastor sugeriu que ela considerasse realizar uma missa memorial por videoconferência. A princípio, a ideia parecia bizarra, mas logo lhe pareceu ser a melhor opção. Mais de cem pessoas reunidas em quadradinhos na tela de seu computador. Tena ficou grata pelo fato de que a mãe do seu marido pôde testemunhar a efusão de amor, ouvir as histórias sobre seu filho épico, escutar as promessas das escrituras e orar em uníssono com outras pessoas, embora distanciadas por milhares de quilômetros.

Algumas famílias optaram por adiar os planos funerários até que a Covid-19 desaparecesse, apenas para enfrentar ondas de variantes do vírus, o que resultou em medidas de isolamento social contínuas. Atraso após atraso, decisão após decisão pesaram muito no coração dos vivos.

Às vezes, felizmente, a graça aparecia. Um membro da família que compareceu a uma missa memorial meses depois da morte refletiu: "Acho que tirei mais proveito dessa cerimônia porque foi realizada meses depois da morte de meu pai. Imediatamente depois de sua morte, fiquei perturbado ao extremo. Não creio que me lembraria de coisa alguma. Fazendo-a mais tarde, eu pude receber as orações e a linda música. Foi uma experiência de cura. Talvez devêssemos esperar sempre".

Muitos aprenderam mais sobre diferentes formas de luto ao observar tantos vizinhos, amigos e membros da família ao seu redor passarem por isso. Aprendemos que algumas pessoas são vivem um *luto instrumental*. Esses indivíduos tendem usar o raciocínio lógico para atravessar o luto, como resolver um problema. Seu conforto no luto vem da realização de atividades e do cumprimento das tarefas necessárias associadas à doença e à morte. Essas pessoas geralmente são aquelas que fazem perguntas para diretores do serviço funerário e falam pela família em missas memoriais.

Outras pessoas vivem um *luto intuitivo*. Elas expressam seus sentimentos sem ressalvas, que vão e vêm em um luto sincero e demorado. Elas são consideradas "mais emotivas" do que outras pessoas, porque se sentem confortáveis em expressar, compartilhar e conversar sobre seus sentimentos. Muitas pessoas costumavam reconhecer esses estilos de luto como marcados por gênero. De um modo estereotipado, entendia-se que os homens viviam o luto instrumental, enquanto as mulheres vivem o luto intuitivo. Hoje, estamos aprendendo a aceitar que pessoas de todos os gêneros demonstram diversas respostas ao luto, de modo não muito previsível nem ligado à identidade de gênero.

Em seu luto intuitivo, Sabila Khan descobriu que, durante a pandemia, precisava de um espaço maior do que sua casa para processar a morte de seu pai, Shafqat Khan. Ela tinha um anseio por conversar com outras pessoas que vivenciaram a morte de parentes e amigos pela Covid-19. Fundou um grupo no Facebook chamado Covid-19 Loss Support for Family & Friends (Apoio à Perda por Covid-19 para Familiares e Amigos). Por meio dessa via, ela pôde dar voz aos seus sentimentos e afirmá-los, e também pôde apoiar outras pessoas.

Ainda assim, ela diz: "o fato de que [meu pai] estava sozinho e consciente, e provavelmente sabia que nunca mais nos veria de novo – é algo que vai me assombrar pelo resto da minha vida". Um participante do grupo do Facebook escreveu: "Esse grupo me salvou. Você pode entrar às três da manhã e publicar: 'Não consigo dormir', e terá a resposta de trinta pessoas enlutadas pela Covid".

Quando estamos de luto, nosso coração é consumido pela dor. Essa dor se intensifica a cada batida, bombeando arrepios sangrentos em nossas veias. Quando estamos com dor, muitas vezes ansiamos por ficar entorpecidos. Quando estamos entorpecidos, muitas vezes queremos poder sentir alguma coisa. Estando entorpecidos ou não, estamos sempre hiperconscientes de que a vida nunca mais será a mesma, e não temos ideia do que virá a seguir.

Rituais

Serviços de oração e outros rituais que marcam e honram o luto podem nos ajudar a abrir caminho no entorpecimento. Os rituais fornecem refúgio e força. Em meio ao caos interno e externo do luto, os rituais fornecem uma ordem familiar. Tal ordem não coloca sobre nós nenhuma outra expectativa ou exigência a não ser nossa própria presença. Em meio ao medo desconcertante de um futuro desconhecido, os rituais nos lembram das promessas dos antigos. Muitas vezes essas promessas vêm na forma de histórias sagradas, nas quais aqueles que vieram antes de nós superaram seus medos com coragem, curiosidade e confiança em Deus. Quando estamos angustiados pelo luto, muitas vezes queremos nos desligar do tempo. Mas podemos encontrar refúgio nos padrões, ritmos e espaços entre o início, o meio e o fim dos rituais.

Os rituais nos dão a força emocional de que precisamos para suportar nosso sofrimento. Embora possamos praticar rituais sozinhos, a maior parte deles é praticada de forma comunitária, com aqueles que nos amam e querem o melhor para nós. Na comunidade, vemos e ouvimos, literalmente, que não estamos sozinhos em nosso luto.

Meus amigos Shahnaz e Hamid vivenciaram a morte indescritível da única filha, Nina. Embora não exista um ritual formal e difundido no Islã para marcar o aniversário da morte de um ente querido, no Irã, de onde Shahnaz e Hamid vieram, tal ritual existe. Os membros da família vão ao cemitério orar, preparam os pratos preferidos da pessoa e os comem juntos. Um ano depois da morte de Nina, Shahnaz e Hamid praticam a autocompaixão ao realizarem uma forma desse ritual. Eles compraram um banco para colocar ao lado do túmulo de Nina, e gravaram dois corações, um de cada lado do banco, representando o seu amor.

Shahnaz e Hamid planejaram um ritual e pediram que os amigos que amavam Nina e compartilhavam o seu luto o conduzissem. Nos reunimos junto ao túmulo de Nina. Um amigo canadense leu um poema de Hafiz, um grande poeta persa. Eu li as bem-aventuranças, uma lista de bênçãos do Sermão da Montanha de Jesus. Um amigo judeu, pai da melhor amiga de escola de Nina, deu a cada um de nós uma borboleta para soltar no dossel azul do céu acima de nós. Unidos pelo nosso amor por Nina, Shahnaz e Hamid, voltamos nossos olhares para cima, enquanto a luz ofuscante do sol parecia tocar a asa de cada borboleta-monarca. Choramos juntos em face dessa reversão cruel, a qual exigiu que os pais enterrassem uma filha. Nos abraçamos. E aceitamos o convite de Shahnaz e Hamid para uma refeição, no restaurante favorito de Nina, de *kebab koobideh* (kebab de carne iraniano) e dois dos ensopados favoritos dela: *fesenjān* (frango e romã) e *ghormeh sabzi* (cordeiro e feijão).

Às vezes, a sequência de eventos da vida ocorre com tanta velocidade que os anos voam diante de nós antes que enfrentemos nosso luto mais profundo e doloroso. Jennifer compartilhou comigo que havia sofrido um aborto espontâneo havia quatorze anos. Em uma visita de rotina ao ginecologista, ela e o marido, Paul, estavam olhando através de uma ultrassonografia do bebê, que chamavam de Docinho, quando o médico informou que o coração do bebê não estava mais batendo.

Durante os quatorze anos seguintes, Jennifer concentrou a atenção em sua carreira corporativa e em nutrir e apoiar aqueles ao seu redor. Depois de quatro anos de luta com a infertilidade, ela e Paul adotaram um filho e uma filha, mudaram-se para o outro lado do país e se envolveram em atividades comunitárias. Esse cronograma não proporcionou tempo de sobra e drenou toda a energia que Jennifer pudesse ter para lidar com o luto ainda não resolvido tanto pela perda da gestação quanto pela incapacidade de engravidar.

Então, mais de doze anos depois, as memórias da perda de sua filha ainda estavam vívidas e presentes. Jennifer ainda podia sentir o êxtase da gravidez, e conseguia sentir o absoluto desânimo pela morte de seu Docinho.

Mas Jennifer escondeu seu luto por trás de uma máscara de "Estou bem" por tanto tempo que ansiava por tirá-la, mas tinha medo de fazê-lo. Ela a usava há tanto tempo que não sabia mais quem ela seria sem a máscara. Em muitas ocasiões, Jennifer tentou superar o luto sozinha, mas permaneceu estagnada. Ela reconheceu que precisava das mãos de um terapeuta confiável e experiente para lidar com o luto. As sessões regulares tornaram-se sua forma de autocompaixão. No dever de casa de cada sessão, surgiam lágrimas de tristeza e raiva, grandes expectativas e vergonha, e negação e medo. Jennifer descobriu, por fim, que a máscara estava flexível o suficiente para ser removida. Estava pronta para carregar a sua tristeza em vez de fugir dela.

Para marcar tal transformação, e como um gesto de bondade para com eles mesmos, Jennifer e Paul pediram-me para liderá-los em um ritual que reconheceria a influência constante de Docinho na vida deles, bem como o desejo de desfazer os padrões esfarrapados de pensamentos e ações. Caminhamos por um labirinto, uma antiga formação projetada para oração e meditação, que não contém becos sem saída e consiste em um único caminho rumo ao centro. (Se você quiser caminhar por um labirinto, pesquise na internet por um em sua área. Você também pode experimentar orar ao longo de um labirinto de menor escala, percorrendo com o dedo, devagar, o desenho de um labirinto e orando enquanto faz esse percurso. Consulte a seção "Recursos" para o desenho de um labirinto e instruções.)

Assim que chegamos ao centro do labirinto, Jennifer, Paul e eu nos sentamos no centro do amor de Deus. Escutamos as escrituras, o silêncio e as orações, e liberamos sentimentos antigos em papel solúvel em água, colocando as páginas na água e relembrando o nosso batismo. Jennifer e Paul leram versos de uma litania para libertar-se mutuamente. (Você pode encontrar essa litania no fim do livro.)

Pronunciei a bênção de Deus sobre Jennifer e Paul. Deixamos o centro do labirinto e percorremos o caminho de volta para a entrada. No silêncio, pedimos ao coração, à alma e à mente nossa aceitação das dádivas de Deus.

Apoios

Desastres naturais como a pandemia global, massacres, suicídios e destruições provocadas pelo homem, como guerras e as mudanças climáticas, convidam muitos de nós a realizar um inventário espiritual pessoal. O grande número de mortes ocasionadas por eventos como esses suscitam reflexões e conversas sobre teodiceia ("Por que Deus permite o mal e o sofrimento?"), o valor da comunidade e o significado da vida em um mundo onde pandemias matam milhões, onde os filhos de Deus são assassinados e onde formas de violência tentam reinar. Muitas pessoas perderam a esperança em um amanhã melhor.

Ninguém próximo a mim morreu de Covid; porém, no meio do ano de 2020, comecei a me sentir emocionalmente desanimada. À medida que me permiti sentir a plenitude da letargia, despontou em mim o mesmo que sentia enquanto cuidava de Bob, meu marido, durante sua jornada com o Alzheimer. Meu luto estava voltando à tona.

Caminhar com Bob em seus últimos anos foi uma jornada solitária, e a solidão do isolamento social pandêmico me levou de volta àqueles dias. Eu recebia amigos e familiares em nossa casa, com menos frequência naquela época por causa das limitações de Bob; alguns amigos se sentiam desconfortáveis em estar perto dele porque ele era não verbal e não era mais o amigo inquisitivo e perspicaz, o mentor que eles conheciam. Essa memória de intenso isolamento ecoava dentro de mim agora, enquanto eu passava tanto tempo sozinha. Girando em uma espiral descendente de luto, dois anos após a morte de Bob, senti mais falta dele, o que eu não sabia que era possível. Ao mesmo tempo, fiquei grata por ele não ter de passar pela angústia de uma pandemia global.

Uma emergência de saúde global como a pandemia pode interromper e trazer lutos anteriores de novo à tona. Muitos de nós tornaram-se conscientes de que precisavam de ajuda. Não podíamos realizar o trabalho de lamentar as perdas, intensificadas por uma pandemia global, por conta própria. Quando percebi que meu profundo luto pela morte do meu marido ressurgiu de uma nova maneira, ouvi meu treinador interior me instruir para que eu me conectasse com uma comunidade espiritual que pudesse me oferecer apoio.

Então eu me inscrevi em vários *workshops* de oração *on-line*. Um facilitador, ciente de que a Covid-19 deu a muitos de nós uma sensação de estar fora do corpo ou uma sensação de estar flutuando no espaço, nos fez colocar as mãos sobre o coração para centralizar nossos pensamentos, a fim de estabilizar os batimentos cardíacos. Nós mantivemos essa postura durante toda a aula.

Demos voz às orações por nosso mundo afligido pela Covid. Oramos pelos milhões de pessoas de luto, pela saúde física e mental dos profissionais da linha de frente e por aqueles que perderam empregos e recursos financeiros. Oramos pelos líderes mundiais e pela paz em meio às diferenças políticas que criavam barreiras entre famílias e amigos. Oramos pelas mais de cem mil crianças que perderam um dos pais ou cuidadores.

O amor pelos parentes e amigos que morreram tem sido muitas vezes a motivação para que aqueles que permanecem estabeleçam fundações, organizações sem fins lucrativos e programas em memória dos que se foram. Essas causas provocam visões e missões com efeitos de longo alcance para servir, inspirar e dar apoio àqueles que lutam com o luto.

Lamentação

O tempo e o espaço sagrados de oração dos *workshops* renovaram a maneira como compreendo a necessidade de confiar nos recursos espirituais em momentos de angústia. Lembrei-me de que a oração muda muitas coisas, mas o mais importante é que ela nos muda. A mudança para mim veio quando me afastei da solitária autopiedade e me aproximei da muito antiga oração comunal da lamentação.

Henri Nouwen me ensinou novas percepções esclarecedoras sobre a relação entre lamentação e cuidado. O cuidado "encontra suas raízes no gótico *Kara*, que significa lamento", escreve Nouwen. O "significado básico do cuidado é 'estar de luto, vivenciar o sofrimento, chorar com'". O cuidado genuíno, portanto, não começa com o fornecimento de recursos tangíveis ou com o uso do poder e da influência para abrir portas às pessoas necessitadas. Em vez disso, o cuidado genuíno começa com o fato de *estar* em harmonia e unidade com todos os que vivem o luto, que sofrem e que choram. Lamentação é cuidado. Cuidado é lamentação, e esse ato de luto é realizado *com* outras pessoas. Há fortes tradições de lamento comunal na maior parte das religiões em todo o mundo.

Uma bênção em minha vida é a amizade que compartilho com Margie. Ela está sempre pronta para um jogo de dados nas sextas-feiras à noite, mais do que disposta a me ajudar a preparar o pão sem glúten para a comunhão, me buscar em seu VW Bug conversível vermelho para irmos ao festival de Purim em sua sinagoga. Essa bênção passou a ser em dose dupla quando conheci a mãe dela, Sonya, conhecida por todos como Sunny. Sunny era a grande dama dos seus círculos, e seus braços abertos recebiam toda e qualquer pessoa de sua comunidade.

Dias depois da morte de Sunny, aos 95 anos, Margie me convidou para participar de um Shivá Minyan na Congregação Shearith Israel. O culto, repleto de orações, incluiu tempo para que o rabino e as pessoas de todas as idades compartilhassem histórias da influência de Sunny na vida delas. Durante a cerimônia religiosa, recitou-se o Kaddish do Enlutado. A oração se concentra exclusivamente em Deus, Criador do céu e da terra, que é afetado por essa morte. A imagem de Deus no rosto de Sunny não vive mais no mundo, fazendo com que a imagem de Deus perdesse intensidade no mundo. Em reconhecimento por sua morte e em sua memória, fiéis dizem a Deus: *yitgadal*: "Que você cresça". (Você encontrará uma versão do Kaddish na seção "Recursos".)

O shivá é um ritual judaico de lamentação que se concentra no enlutado. Seguindo a tradição, Margie deixou aberta a porta de sua casa depois da morte da mãe para que uma batida à porta ou um toque da campainha não a assustasse ou a distraísse de seu sofrimento. Os visitantes entravam e colocavam pratos de comida na mesa de jantar. Nos sentamos ao lado de Margie e demonstramos nosso amor permitindo que ela iniciasse uma conversa sobre a mãe. Ela compartilhou memórias, algumas das quais nos fizeram rir – como a vez que Sunny, para o grande desgosto de sua filha, usou a mesma roupa para ir à sinagoga nos dois dias de Rosh Hashaná. Sentados juntos, Margie nos contou que Sunny acreditava que caminhar curava todos os problemas e aflições da vida. Entre histórias, ficamos em silêncio e respeitamos suas lágrimas, bem como as nossas. Foi um lembrete de que qualquer duração da vida é breve demais para todo o amor que desejamos dar e receber, e que a vida de uma pessoa amada é muito maior do que a soma das histórias que podem ser compartilhadas sobre ela.

Alguns optam por participar de rituais de lamentação da própria tradição religiosa. Outros encontram significado em práticas de outra religião ou designando uma por conta própria, com a ajuda de amigos ou familiares. A prática espiritual deste capítulo será escrever uma lamentação para si mesmo, para uma comunidade à qual você pertence, ou para o nosso mundo. Muitas pessoas acham essa prática de escrever uma oração de lamentação inicialmente desconfortável, e até mesmo assustadora. Agitar o punho com uma raiva e uma amargura crua e honesta dirigidas a Deus pode ser desconcertante para você. Escrituras de muitas tradições de fé, no entanto, declaram que Deus não apenas ouve nossa raiva e nosso desânimo, mas também tem a capacidade compassiva de recebê-los. Na minha tradição, o cristianismo, posso pensar em diversas lamentações que Deus recebeu de pessoas justas, incluindo Ana, Davi, Jó, Isaías – e o próprio Jesus.

Em tempos de luto individual e comunitário, descobrimos muitas verdades sobre nossa capacidade de amar e de sofrer, de respeitar e de julgar, e de ser generoso e cauteloso. Descobrimos que podemos ser ao mesmo tempo compassivos e indiferentes, e aprendemos a orar, e orar, e orar um pouco mais. Descobrimos novas dádivas e oportunidades para servir àqueles que estão enlutados, e reconhecemos a presença penetrante do luto e suas muitas e muitas camadas.

Prática Espiritual

Oração de Lamentação

Orações de lamentação emergem da lacuna entre nossa *visão de mundo*, ou expectativa (como acreditamos que o mundo possa ser) e a *circunstância* presente (a realidade). Lamentações dão palavra às nossas lutas irreconciliáveis:

- acreditar que a qualidade do ar é relativamente satisfatória – e, mesmo assim, partículas de vírus invisíveis e potencialmente letais estão nadando no ar à espera de ser inaladas;

- acreditar que as comunidades e as rodovias são seguras – e, mesmo assim, todos os dias, pessoas são mortas, vítimas da violência, injustiça sistêmica e acidentes de trânsito;

- acreditar que, se praticarmos hábitos saudáveis de exercício, alimentação e sono, viveremos uma vida longa – e, mesmo assim, uma série de doenças invade nosso corpo e traz destruição de modo indiscriminado.

Nos 150 cânticos bíblicos encontrados em *O Livro dos Salmos*, há cinquenta e oito lamentações. Quarenta e dois são salmos de lamentação individuais, e dezesseis estão escritos em nome de uma comunidade ou nação. Cada lamentação apela a Deus por misericórdia e supõe alguma confiança no caráter de Deus e no interesse íntimo de Deus pelo nosso bem-estar. Dê uma olhada nos salmos ou encontre uma passagem das escrituras de sua própria tradição que fale sobre a dor da perda e o conforto de Deus.

Escrever a própria oração de lamentação pode permitir que coloquemos em palavras todos os sentimentos que temos em relação a um ente querido que morreu ou a uma crise nacional ou global em que muitas vidas são perdidas. Isso pode ajudá-lo a permanecer sintonizado com os sentimentos de perda, medo e raiva, em vez de ficar insensível a eles.

- **Preparação:** prepare-se para escrever a própria lamentação centralizando seu coração e sua mente com a oração respiratória a seguir, ou outra de sua preferência.

  Inspire: *Deus da verdade e da graça,*

  Expire: *Incentiva-me a ser honesto.*

- **Volte-se para Deus:** Leia o Salmo 77:1-3 várias vezes. Então, em seu diário ou em um pedaço de papel, escreva sua própria oração *voltando-se para o Divino.*

  Elevo a Deus a minha voz e clamo, elevo a Deus a minha voz, para que me atenda.
  No dia da minha angústia, procuro o Senhor; erguem-se as minhas mãos durante a noite e não se cansam; a minha alma recusa consolar-se.
  Lembro-me de Deus e passo a gemer; medito, e me desfalece o espírito.

- **Reclame a Deus:** Leia o Salmo 13:1-2 e depois escreva sua *reclamação.*

  Até quando, SENHOR? Esquecer-te-ás de mim para sempre? Até quando ocultarás de mim o rosto?

> Até quando estarei eu relutando dentro de minha alma, com tristeza no coração cada dia? Até quando se erguerá contra mim o meu inimigo?

- **Peça a Deus o que você quer:** Leia o Salmo 13:4a e escreva seu *pedido*.

> Atenta para mim, responde-me, SENHOR, Deus meu! Ilumina-me os olhos, para que eu não durma o sono da morte.

- **Escreva uma afirmação de confiança:** Leia o Salmo 13:5 e escreva seu próprio *senso de confiança*.

> No tocante a mim, confio na tua graça; regozije-se o meu coração na tua salvação.
> Cantarei ao SENHOR, porquanto me tem feito muito bem.

- Escreva uma versão abreviada da sua versão na ilustração a seguir. Preencha sua visão de mundo (sua *expectativa*) sobre a imagem da mão esquerda. Escreva as especificidades de sua circunstância (sua *realidade*) sobre a imagem da mão direita. Resuma sua lamentação no espaço entre as imagens das duas mãos.

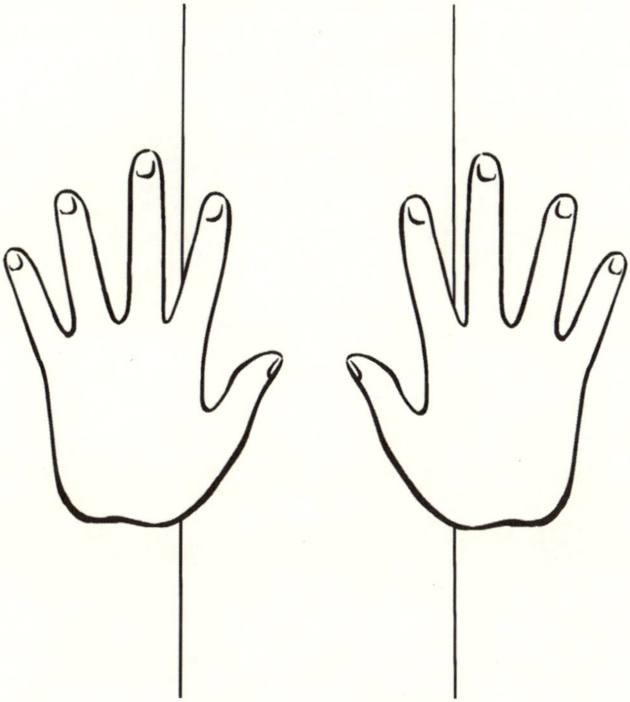

Capítulo 8

O Que Fazer em Relação ao Perdão? Reformulando a Reconciliação

Aprendi há muito tempo que algumas pessoas preferem morrer a perdoar.
É uma estranha verdade, mas o perdão é um processo difícil e doloroso.
Não é uma coisa que aconteça da noite para o dia.
É uma evolução do coração.

– Sue Monk Kidd

Tocadores de tambor e de gaitas de foles vestindo *kilts* xadrez tartã, bolsas *sporrans*, trajes *ghillie* e brogues conduziam o hino da procissão de clérigos e fiéis até o pátio onde eram celebrados jogos escoceses e se comia *haggis*. Era Domingo da Reforma, no qual nos lembramos da publicação, por Martinho Lutero, das *Noventa e Cinco Teses* em Wittenberg, na Alemanha, bem como a chegada dos imigrantes escoceses que trouxeram o presbiterianismo para a América.

Não tendo estômago para *haggis*, voltei ao santuário para recolher meus pertences. O guincho agudo e penetrante da gaita de foles tocando "Amazing Grace" filtrava-se através das paredes e janelas. Cantei junto, agradecendo por Deus ser cheio de graça e misericórdia.

Quando cheguei ao verso "*was blind, but now I see*" [eu estava cego, mas agora vejo], avistei uma mulher sentada sozinha em um banco no fundo. Me aproximando para cumprimentá-la, notei que suas bochechas estavam cobertas de lágrimas. Raios de sol entravam pelas janelas e sob aquela luz, pensei que seu rosto parecia o de um anjo.

"Estou em casa!", disse ela. "Há muitos anos, mudei-me da Escócia para os Estados Unidos, e hoje sinto como se tivesse voltado para casa." A mulher passou a me contar mais sobre sua vida. Seu nome era Senga, e ela morava sozinha e tinha câncer em estágio IV. Ela desesperadamente queria se envolver em uma comunidade eclesiástica. Nossa amizade criou raízes de imediato naquele dia, e cresceu ao longo dos anos.

Quando Senga morreu, meu coração se encheu de tristeza. Porém, ao me encontrar com seus filhos para planejar uma cerimônia memorial, minha tristeza se despedaçou em fragmentos de perplexidade.

"Eu odiava minha mãe", anunciou a filha de Senga. Nada como ir diretamente ao assunto, pensei, surpresa.

O irmão interveio. "Você sabe que o nome da nossa mãe não era Senga, né?" A essa altura, a única coisa que eu sabia era que planejar essa cerimônia memorial seria uma tarefa desafiadora.

"O nome dela era Agnes, mas ela nunca gostou desse nome", o filho continuou. "Então, sendo uma criança precoce, ela inverteu as letras em Agnes e criou Senga. O nome pegou.

Os filhos adultos de Senga compartilharam outros fatos sobre sua vida familiar. Houve tempos de desemprego, muitas mudanças, divórcio, dizer uma coisa e agir de maneira diferente, querer dizer uma coisa e dizer outra. A sala era permeada por um comportamento ácido e tristeza. A certa altura, a filha de Senga se levantou e disse: "Eu não vou ao funeral"; e saiu do meu escritório.

Um pesado silêncio caiu sobre os que permaneceram. Meu coração doeu por todos os envolvidos – até mesmo por Senga, que estava morta. Palavras da autora Patricia Ennis flutuavam em minha mente: "A escolha de recusar o perdão destrói a unidade familiar de forma lenta, mas eficaz".

A escolha de recusar o perdão está repleta de complexidade. Um conjunto de pastores e diretores espirituais com quem me encontro regularmente discute com frequência a simultânea necessidade e dificuldade do perdão. Costumamos dizer que o perdão é confuso. Há tanta dor para examinar. Nós nos esquecemos de que é um processo. Tendemos a correr para o perdão e não a dedicar o tempo apropriado para a dor, a justiça restaurativa e a cura envolvidas. Às vezes, *gostamos* de sentir raiva e de ficar ressentidos com uma pessoa ou sistema. E às vezes precisamos perdoar a nós mesmos.

Quando a morte ocorre, o luto pode ser complicado pela falta de perdão por ações grandes e pequenas. O perdão não é nada fácil quando ambas as partes estão vivas. Existe uma maneira de reformular o significado de reconciliação quando uma pessoa morreu e outra permanece? Quando uma pessoa amada morre antes que possamos lhe pedir ou conceder perdão a ela, o que fazemos?

Em primeiro lugar, é importante dar um nome à sua raiva. Isso é difícil porque, como já aprendemos, a raiva é uma emoção secundária, que gosta de encobrir outras emoções, sobretudo tristeza e medo. Muitas vezes leva tempo para descascar as camadas de raiva até chegar ao âmago da questão. Litsa Williams, coautora de *What's Your Grief?* [Qual é o Seu Luto?], escreveu uma publicação em seu blogue que inclui uma lista abrangente de possibilidades em que o perdão seria uma dádiva. Curiosamente, ela começou com a raiva que podemos sentir por um ente querido que morreu. Aqui está uma parte da lista:

- Uma mágoa antiga e não resolvida que você nunca reconciliou antes da morte.
- Um suicídio, que gerou uma raiva por um ente querido ter dado fim à própria vida de forma intencional.
- Uma morte por overdose, condução sob influência do álcool etc., que gerou uma raiva por terem usado uma substância e se colocado em perigo.
- Uma morte por comportamento de risco (condução em alta velocidade, situações envolvendo esportes arriscados, andar de moto etc.) em que a morte parece evitável.

- Raiva porque alguém não "lutou" o suficiente, situação comum se alguém optou por interromper ou não buscar tratamento para uma doença.
- Raiva porque alguém não cuidou de si mesmo, situação comum se a morte foi causada por doença cardíaca, diabetes, câncer de pulmão ou alguma outra doença que gera a sensação de que a escolha por um estilo de vida diferente teria evitado a doença ou o resultado. Isso pode gerar uma raiva por um diagnóstico tardio, porque a pessoa não foi ao ao médico.
- Raiva por coisas que uma pessoa disse ou fez enquanto estava doente. Isso também pode assumir a forma de raiva em relação a coisas que a pessoa não disse ou não fez.

Também existe muita dificuldade em perdoar a si mesmo. No entanto, como a compaixão e a Regra de Platina mencionadas em capítulos anteriores, é importante aceitar o perdão divino disponível a nós para que possamos ter uma compreensão mais plena de seu poder restaurador.

A Espiritualidade do Perdão

As tradições de fé abraâmicas – judaísmo, cristianismo e islamismo – partilham uma unidade familiar em relação à natureza do perdão de Deus e ao desejo de Deus para que concedamos perdão aos outros e recebamos também. Na fé judaica, o Yom Kippur é marcado como o Dia da Expiação (ou do Perdão).

Nesse dia, os membros praticam Teshuva, que significa "retornar". O ato de Teshuva exige que um indivíduo ponha fim, lamente, confesse e se arrependa de um ato prejudicial. Quando uma pessoa que causou danos pede desculpas, a pessoa injustiçada tem o dever religioso de perdoar. Mesmo sem um pedido de desculpas, porém, o perdão é um ato sagrado, de acordo com o livro de Deuteronômio.

O princípio fundamental da fé cristã é o perdão. O foco está em Jesus, a encarnação de Deus, que foi e é injustiçado, mas com graça inicia o ato do perdão por meio de sua morte na cruz. Antes de dar seu último suspiro, Jesus disse: "Pai, perdoa-lhes" (Lucas 23:34). O poder de Deus, cheio de amor, ressuscitou Jesus para mostrar ao mundo, para sempre, a vitória de Deus sobre a morte e o pecado, e revelar a promessa de uma vida nova. Como o falecido bispo Desmond Tutu disse: "O perdão nada mais é que a maneira como curamos o mundo".

O perdão também é um aspecto central do islamismo. Quando os muçulmanos pedem perdão com arrependimento, eles confiam que Allah, Todo Misericordioso e Indulgente, perdoará seus pecados. No entanto, antes que Allah conceda o perdão, Ele pede que o arrependido jure que não cometerá aquele pecado novamente. O perdão de Allah é um pré-requisito para a paz. A palavra *Islã* deriva de uma palavra semítica, *salem*, que significa "paz".

A dor do luto muitas vezes é multiplicada pela necessidade de dar ou receber perdão. Dinâmicas familiares abaixo do ideal e personalidades conflitantes tendem a vir à tona na sequência da morte de um ente querido – e em cores chamativas, devo acrescentar. Durante meus anos no ministério, vi muitas pessoas carregando ressentimentos de longa data contra os vivos e os mortos. A família de Senga não estava sozinha em seu luto cheio de ressentimentos.

Anos atrás, fui apresentada a outra Agnes: Agnes Sanford, autora e fundadora do movimento Inner Healing (Cura Interior). Um amigo me ofereceu um conjunto de fitas cassete de Sanford sobre o tema do perdão. O ministério de Sanford era focado em orientar os indivíduos a recobrarem memórias dolorosas e, por meio de um processo, perdoar quem os prejudicou. Uma entrevista que Sanford realizou com uma criança ferida por um adulto revela que o perdão e a cura só são possíveis quando uma pessoa tem uma atitude cuidadosa e um desejo sincero de se envolver no processo. A história era mais ou menos assim:

Sanford perguntou: "Você quer perdoar essa pessoa?".

"Não", disse a criança.

"Você *quer* querer perdoar essa pessoa?", Sanford perguntou.

"Não. Eu não *quero querer* perdoar essa pessoa", respondeu a criança.

"Bem, você *quer querer* querer perdoar essa pessoa?", continuou Sanford.

"Talvez um pouquinho do tamanho de uma formiga", disse a criança.

Então, se você quiser querer *querer* perdoar uma pessoa, isso pode ser o suficiente. Neste capítulo, praticaremos um modelo para o perdão. É importante notar aqui que famílias e amigos que experimentam conflitos após a morte de uma pessoa amada precisam de tempo para o luto, mesmo enquanto trabalham para atingir alguma cura e reconciliação uns com os outros. Dar e receber perdão não é nada fácil, especialmente durante tempos de luto por alguém amado. E, no entanto, não há nada tão belo quanto o semblante daqueles que se reconciliaram com entes queridos, vivos ou mortos, ou que experimentaram a graça do autoperdão.

Examinando a Nós Mesmos

Durante o período de luto, muito depois de o luto mais cru ter se aliviado, muitas vezes nos retiramos em um casulo de introspecção. Refletimos sobre nossa mortalidade. Ponderamos sobre como desejamos sobreviver os nossos incalculáveis dias restantes depois de lutarmos para nos libertar desse casulo de luto. Pensamos na importância de nosso relacionamento com os membros da família e com as pessoas unidas pelos mais profundos laços de amizade.

A atenção a essas ponderações pode nos levar a buscar reconciliação com uma ou mais pessoas. Muitas vezes, em minha própria vida, pareceu-me inadequado tentar alcançar a reconciliação. Afinal, percebo que fiz algo errado e quero perdão. Para obter informações e percepções esclarecedoras, leio livros e blogues e procuro conselhos de profissionais. Repetidas vezes eu li ou ouvi que uma motivação para buscar o perdão de outra pessoa é que isso fará com que *eu* me sinta melhor.

Buscar o perdão para que possamos *nos* sentir melhor parece, para mim, o motivo errado – como se fosse algo incorreto, ou vazio, como se acertássemos o alvo errado. Volto à compreensão teológica da *imago Dei* para procurar um motivo verdadeiro e sincero. Essa doutrina teológica do judaísmo, do cristianismo e de algumas seitas sufis do islamismo declara que a humanidade foi criada à imagem e semelhança (não à exatidão) de Deus. O motivo convincente para buscar o perdão de outra pessoa é que cometemos um duplo pecado. Ofendemos a Deus e a uma pessoa criada à imagem de Deus. O primeiro passo no processo do perdão é fazer um autoexame honesto e completo. É um passo que leva tempo e requer comprometimento.

Se você não souber direito por onde começar o autoexame, tente apontar uma característica ou comportamento que você não gosta em outras pessoas. Minha bisavó costumava dizer: "Os defeitos que vemos nos outros provavelmente são nossos. É por isso que os notamos". É provável que um dos sete pecados capitais, ou uma combinação deles, venha à mente: soberba, gula, luxúria, preguiça, avareza, inveja e ira.

A percepção de si mesmo pode ser embaraçosa e vergonhosa. Examinar-se também pode ser libertador se você acreditar (mesmo que seja um pouquinho do tamanho de uma formiga!) que é amado e conhecido em sua totalidade pelo nosso Criador. Tenha certeza de que Deus já está ciente de tudo o que você está admitindo. Na sagrada companhia do Divino, você será capaz de aceitar o dom divino do perdão para consigo mesmo. Deus anseia para que aceitemos esse presente de amor. É impossível surpreender a Deus com seus pecados – ou com seus dons, que são necessários neste mundo.

"Há tanta coisa boa no pior de nós, e tanta coisa má no melhor de nós, que cabe a todas as pessoas não julgar o restante de nós." Essa citação foi atribuída a muitas pessoas diferentes – Edward Wallis Hoch, James Truslow Adams e Robert Louis Stevenson, para citar alguns. Mas não importa quem disse isso, sua mensagem é singular: o autoexame enriquece nosso relacionamento com Deus e com as outras pessoas. Seu exercício intensifica a nossa percepção da graça de Deus sobre a graça concedida a cada portador da imagem. O autoexame nos ilumina não apenas para o que há de pior em nós, mas também para o que há de melhor nos outros – até mesmo naqueles que magoamos e que nos magoaram.

Depois de ter examinado a si mesmo, se arrependido e recebido perdão de Deus, estará quase na hora de perdoar a pessoa que o maltratou.

Quase.

Pedindo Perdão

Porém, primeiro: passe algum tempo anotando seu pedido de perdão. Escrever conecta suas mãos com seu coração e ajuda a esclarecer seus pensamentos. A seguir apresento um arcabouço que considero útil. A parte **em negrito** representa o que fazer e a parte em *itálico* o que não fazer.

Quero e preciso conversar com você. Espero que você me ouça, e confio que o fará. Eu fiz [nomear ação ou palavras], e isso o magoou.

Não assumir plena responsabilidade.

Lamento que minhas [palavras, ações, omissões] tenham causado dor. Peço seu perdão para que possamos renovar nosso relacionamento.

Não ser sincero. Não levar o seu arrependimento e a dor causada a sério e/ou se manter na defensiva.

Agora é a hora de esperar em silêncio. Se você tem ansiedade para falar antes que a pessoa fale, pense consigo mesmo: ESPERE. Este é um lembrete para você se perguntar: "Por que estou falando?". Tenha em mente que você dedicou muito tempo se preparando para esse momento; no entanto, é a primeira vez que a outra pessoa ouve e considera seu pedido de desculpas.

Não respeitar o silêncio ou os sentimentos da outra pessoa.

A consideração de outra pessoa em relação à sua solicitação de perdão está fora do seu controle. Na igreja, um domingo de manhã, meu neto de 7 anos se inclinou para a mãe dele. No dia anterior, ele havia dito algo a uma colega de classe, Hallie, do que se arrependeu. Agora ele sussurrava para a mãe: "Eu disse a Hallie que sentia muito por ter ferido seus sentimentos. Ela disse: 'Não aceito suas desculpas'".

Ele fez uma pausa, incrédulo. "Ela *pode* fazer isso?"

Ela *pode* fazer isso. Assim como a pessoa para quem você pediu perdão também pode. Talvez a pessoa precise de mais tempo. Talvez ela queira perguntar como você planeja mudar daqui em diante. O poder do pedido de desculpas está na "troca de vergonha e poder entre o ofensor e o ofendido", escreveu o falecido psiquiatra Aaron Lazare em um artigo publicado na *Psychology Today*.

Na melhor das hipóteses, a pessoa ofendida recebe e dedica tempo e atenção ao seu pedido de perdão. Ela acolhe a experiência de cura mútua. Uma vez que o ofendido oferece palavras de perdão, o ofensor muitas vezes expressa gratidão. A conversa pode então se voltar para novas maneiras de interação entre as duas partes.

Na pior das hipóteses, o ofendido não o levará a sério quando você pedir perdão. Ou ele pode minimizar o que quer que tenha acontecido para evitar a conversa. Sua inexperiência com o perdão pode fazer parecer como se ele fizesse pouco caso da situação. Você pode ouvir declarações, como: "Ah, isso não me incomodou tanto assim". "Não foi sua intenção." "Acho que você só estava cansado ou tinha bebido demais." "Isso é passado."

Ouça-o, sem interromper ou refutar. Quando terminar de falar, considere dizer: "Você está certo. É passado. Mas, daqui para a frente, estou comprometido em mudar nosso futuro. Você me perdoa?".

Essas etapas exigem prática. E, quando as famílias se descobrem entrincheiradas em conflitos após a morte de um ente querido, elas podem ser muito difíceis. Mas nunca esgotamos as circunstâncias da vida, e tampouco a necessidade de receber e dar perdão.

Perdão Póstumo

Mas o que fazer se o ofendido, ou o ofensor, tiver morrido? Se não pudermos pedir e receber perdão – ou se o nosso perdão não puder ser buscado? A morte parece ter tirado todas as oportunidades de conversar em pessoa e alcançar a reconciliação.

No entanto, se você sentir uma pontada para perdoar ou para pedir perdão a uma pessoa querida que já morreu, isso ainda é possível. Mesmo se for impossível para a pessoa conceder perdão a você em tempo real, pode confiar que o seu pedido de perdão chegará até ela de alguma maneira definitiva. A conversa, de natureza espiritual, pode ocorrer.

Primeiro, precisamos descartar um truísmo que ouvimos com frequência: perdoar é desistir de toda esperança por um passado melhor. O foco da reconciliação por meio do perdão está orientado para o futuro. Embora a morte remova a oportunidade de um contato pessoal nas conversas sobre o perdão, isso não tira a oportunidade do amor. A morte de alguém que você ofendeu, ou de alguém que o ofendeu, pode trazer uma nova compreensão da profundidade do amor entre vocês. Esse amor mantém o caminho aberto para conversas, por meio da oração, e voltado a um futuro sentimento de paz e reconciliação.

Quando eu era jovem, às vezes queria que meu pai estivesse morto para que ninguém tivesse de lidar com seu alcoolismo. Parei de desejar isso quando me tornei adulta. Meu pai morreu horas depois de uma cirurgia para remover seu pulmão esquerdo. O choque de sua morte me deixou sem memórias de ter dirigido do hospital para casa e parado no supermercado no caminho. O que me lembro é do fato de, de repente, perceber que estava em casa, segurando um galão de leite e olhando para a beleza espetacular de um arranjo floral que havia sido entregue e colocado em minha mesa de jantar. Em um piscar de olhos, palavras que me foram dadas pelo Espírito Santo saíram do meu coração: "Papai, estou tão feliz por não querer que você morresse. E estou tão feliz por você não ter morrido bêbado". É difícil captar essa experiência em palavras, mas aquele momento pareceu uma reconciliação. Parecia que eu estava abrindo caminho para um relacionamento novo e duradouro com meu pai, embora ele já estivesse morto.

A própria vida é um mistério; por que a morte seria diferente? Dependendo de onde você vem, essa próxima parte pode soar estranha para você; no entanto, acredito que nossos entes queridos ouvem nossas orações, e acredito que eles podem conversar conosco por meio de nossas orações e sonhos. Sou aberta à ideia de que eles nos concedem as percepções que pensamos ter acumulado por meio de conversas, de experiências vividas, da literatura ou da natureza. Às vezes, desejo que a filha de Senga seja visitada por sua mãe, e que as duas recebam, de alguma forma, uma redenção de suas memórias e uma reconciliação.

Como pastora, tive a oportunidade cheia de graça de pronunciar a certeza do perdão de Deus em cultos. Uma parte das palavras tradicionais diz: "A velha vida se foi; uma nova vida começou. Em Jesus Cristo, somos perdoados". A obra do perdão pode parecer insuperável, sobretudo se acreditamos que ela é excluída pela morte. Mas se dermos o próximo passo, podemos caminhar rumo a uma reconciliação que ultrapassa o espaço e o tempo. Passo a passo no processo, a reconciliação pode ocorrer, entre os vivos e os mortos. Talvez nem sempre aconteça da maneira como imaginamos, mas cada passo é importante.

O rabino Shawn Zell, um colega, contou-me que aconselhara alguém que não conseguia chegar a uma resolução com uma pessoa que não era capaz de perdoar, o que dificultava o processo do luto. Depois de muitas sessões com essa pessoa, Zell ouviu o perdão e o luto de uma nova maneira. Se você estiver em uma situação semelhante, leia o poema na seção "Recursos" e descubra novos caminhos para a reconciliação.

Depois da morte de uma pessoa amada, podemos permanecer conectados, ou em relacionamento espiritual, com ela. No livro do dr. Ira Byock, *The Four Things That Matter Most: A Book about Living* [As Quatro Coisas Que Mais Importam: Um Livro Sobre o Viver], ele compartilha a sabedoria aprendida com centenas de pessoas que conheceu em sua clínica e em seu trabalho com hospícios e cuidados paliativos. Elas lhe ensinaram "as quatro coisas que mais importam": "Por favor, me perdoe. Eu o perdoo. Obrigado. Eu amo você".

A prática espiritual para este capítulo, a mandala, pode nos ajudar a modelar ou remodelar a reconciliação, nos dando espaço e tempo para que nos concentremos no círculo completo de relacionamentos – perdão, ação de graças e amor. Muitas pessoas e culturas têm atestado o significado intrínseco da mandala. Budistas e hindus extraíram significados da mandala e de sua beleza cativante. O psicanalista Carl Jung disse: "A mandala é uma imagem arquetípica cuja ocorrência é atestada ao longo de todas as eras. Significa a totalidade do Eu. Essa imagem circular representa a totalidade do terreno psíquico ou, para expressá-la em termos míticos, a divindade encarnada".

A mandala (palavra em sânscrito para "círculo" ou "completude") tem uma longa história, que remonta à Índia por volta do século VIII. É reconhecida pelo seu profundo significado espiritual e pela maneira como representa a totalidade. O padrão "círculo com um centro" é a estrutura básica da criação que se reflete a partir do micro para o macro no mundo. É um padrão encontrado na natureza e em toda a biologia, geologia, química, física e astronomia.

Prática Espiritual

Mandala

Orar com uma mandala pode trazer cura e ser uma fonte de reflexão para a alma de uma pessoa. Aqueles que permaneceram podem se apoiar em sua totalidade e podem encontrar algum consolo e cura, reformulando a reconciliação como possível, mesmo além dos limites da morte, graças ao trabalho com a mandala.

- Comece com uma oração respiratória.

  Inspire: *Centro eterno e círculo da vida*

  Expire: *conduza-me em um amor mais forte que a morte*

- Reserve um tempo espiritual para passar com seu ente querido que morreu, concentrando-se nas quatro esferas que mais importam: *Por favor, me perdoe. Eu o perdoo. Obrigado. Eu amo você.* Designe cada quadrante de sua mandala com uma dessas quatro esferas, seja por escrito, seja escolhendo uma imagem visual. Em seguida, desenhe, pinte, escreva sua conversa, ou qualquer combinação dessas ações.

- Agora, olhe para a mandala inteira e reflita sobre estas perguntas: Qual quadrante chama a sua atenção com mais intensidade? O que você sentiu enquanto trabalhava? Quais perguntas ou percepções esclarecedoras surgiram enquanto você trabalhava? Coloque-se no seu trabalho – para onde você é atraído? Que cores você percebe?

- Escreva sobre a experiência de desenhar sua mandala. Considere desenhar outras mandalas para membros da família e amigos.

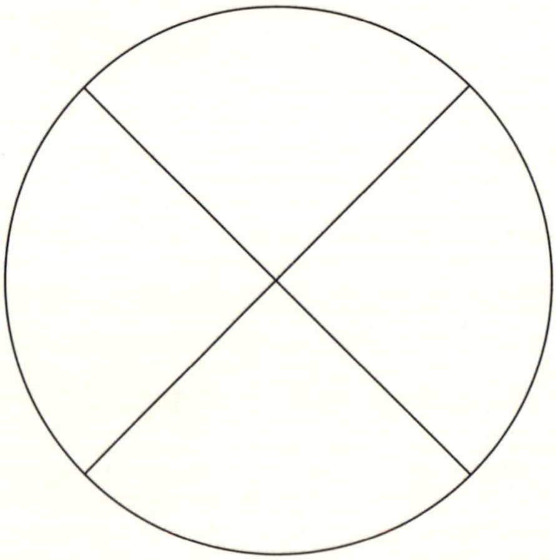

Capítulo 9

Como Carregar o Luto para Sempre? Amando na Separação

A realidade do luto é muito diferente da que outras pessoas veem do lado de fora.
Há dor neste mundo que não pode ser vencida com palavras de encorajamento. Não precisamos de soluções.
Não precisamos superar o luto. Precisamos de alguém que veja o nosso luto,
Alguém que o reconheça. Precisamos de alguém para segurar nossa mão enquanto ficamos lá parados.
Piscando em horror, encarando o porão que fora sua vida.
Algumas coisas não podem ser consertadas.
Elas só podem ser carregadas.

– Megan Devine

A sabedoria convencional sobre o luto saudável nos diz que ele nos leva a um ponto em que nos sentimos prontos para “deixar ir” ou para “encontrar um desfecho”. Aqueles de nós que vivenciaram a morte de pessoas amadas acham essa linguagem muito simplista, nada útil e, em resumo, falsa. Por que quereríamos "deixar ir" aqueles que moldaram nosso próprio ser? Como poderíamos "fechar" aquilo que abriu nosso coração Luto saudável é lembrar e manter conosco a bondade daqueles relacionamentos. Luto saudável é abrir o coração para que o amor dentro de nós possa fluir para o mundo, que precisa de muito mais amor. Luto saudável é praticar de diferentes maneiras carregar o peso do luto, que é amor.

Minha mãe morreu na madrugada da primeira quinta-feira da Quaresma de 2008. É o dia seguinte à Quarta-Feira de Cinzas, quando muitos cristãos seguem o início da temporada de autorrenúncia e exame que leva à Páscoa. A cruz de cinzas desenhada na testa de minha mãe no dia anterior permaneceu.

Eu não estava com ela quando ela morreu, o que produziu uma agonia de arrependimento que sinto até hoje. Em vez de pegar um voo para casa na Quarta-Feira de Cinzas para estar com ela, eu estava administrando as cinzas no meu amado rebanho, na congregação em que servia. Muitas tradições religiosas têm uma maneira de nos lembrar tanto de nossa própria mortalidade como da grande nuvem de testemunhas que se foi antes de nós. Nos cultos da Quarta-Feira de Cinzas, repetia sem cessar: "Lembre-se de que você é pó e ao pó retornará", conforme colocava cinzas nas testas dos paroquianos.

Naquele dia, eu também estava planejando uma cerimônia memorial para um membro da paróquia que havia morrido. Eu planejara voar para casa naquele fim de semana, a fim de ficar com minha mãe, mas agora era tarde demais. Como poderia carregar o peso do amor e a realidade de que eu não estava com ela quando ela morreu?

Horas depois, no céu entre as nuvens, durante o voo para casa, pensei em como minha mãe havia prestado serviços devocionais nos almoços de quaresma interdenominacionais na cidade. Durante anos, ela desfurtou dessa tarefa de colocar energia, imaginação, inteligência e amor em sua preparação para esses serviços devocionais, até que seus problemas de saúde e memória surgiram, e parte da alegria foi substituída por ansiedade. Agora, sentada a mais de 10 quilômetros acima da terra, eu podia ouvir minha mãe dizer, em seu tom irreverente e seu humor cheio de fé: "Não quero mais continuar nessa maldita jornada quaresmal. Dê-me logo a ressurreição!".

Semanas depois de sua morte, preguei em um culto. Minha preparação para o sermão foi repleta de tristeza – lágrimas, raiva porque a vida continua, e tristeza porque a vida termina. A passagem bíblica era sobre Jesus como o Bom Pastor. Minha mãe gostava de ovelhas e tinha uma coleção considerável delas: pinturas, bugigangas de cerâmica e barro, xícaras de café, travesseiros, lenços – tudo o que puder imaginar, tinha uma ovelha estampada. Eu consegui escrever o sermão. Agora estava sentada atrás do púlpito, aguardando o início do culto. Meu mantra da oração respiratória era: "Bom Pastor, estou preparada; guia-me na pregação da tua palavra".

O prelúdio começou. Era a paráfrase que Isaac Watts tirou do Salmo 23: "Meu Pastor Suprirá Minhas Necessidades".

Cantamos esse mesmo hino na cerimônia memorial de minha mãe, e eu não estava preparada para cantá-lo agora. Comecei a chorar e a enxugar minhas lágrimas na manga da minha túnica. Felizmente, o púlpito alto me dava alguma privacidade. Quando o hino terminou com as palavras: "Não mais um estranho, ou um convidado / Mas como um filho em casa", cheguei muito perto de soluçar.

Justo naquele momento, quando a congregação se sentou, ouvi uma voz muito familiar. Ouvi a voz de minha mãe, calorosa, mas um pouco exasperada: "Ah, pelo amor de Cristo, levante-se e pregue!".

Então, respirei fundo, levantei-me do banco perto do púlpito, e fiz exatamente isso.

Embora não possa mais ver minha mãe em pessoa, eu a ouço em alto e bom som. Esses e outros encontros espirituais semelhantes com minha mãe me confortam e me animam. Ouço a sua fé, seu vigoroso incentivo, as coisas que ela me ensinou (especialmente quando estou jogando baralho) e sua risada. Essas ocasiões me garantem que o amor de minha mãe é mais forte do que a morte e que eu carregarei esse amor para sempre.

Certa vez, compartilhei essas histórias em um *workshop* de luto. Eu estava familiarizada com as metáforas de defecho e de desapego ("deixar ir"), mas elas não descrevem minha experiência. Processar o meu luto pela morte de minha mãe significava encontrar maneiras de manter comigo sua voz e sua presença, em vez de me desapegar. Depois de compartilhar essas histórias, um terapeuta profissional cujo irmão morrera recentemente comentou: "Você acabou de reformular o seu luto".

Ele tem razão. Os profissionais do luto definiram reformulação de várias maneiras. Thomas Attig, autor de *How We Grieve: Relearning the World* [Como Vivemos o Luto: Reaprendendo o Mundo], diz que a reformulação está no coração do luto, o que requer um reaprendizado de formas de amar. Ele escreve que o coração do luto, seu desafio mais difícil, não é se "desapegar" daqueles que morreram, mas, em vez disso, é "fazer a transição do amor na presença deles para o amor em sua ausência". Reformular o luto é uma maneira de carregá-lo e de amar em estado de separação.

Não importa quão bem amávamos quando nosso ente querido estava presente, pois o que precisamos agora é aprender maneiras de amar na separação, reformulando nossos pensamentos, memórias e experiências. A reformulação não é fácil, seja qual for nossa capacidade de imaginação. Formular ou reformular uma construção pode ser extenuante, tanto emocionalmente quanto fisicamente. A satisfação de ambos os esforços, no entanto, é gratificante e duradoura. Esse trabalho pega o luto e o transforma em histórias que podemos carregar por toda a vida de forma confortável. Essa reformulação, ou amor na separação, é um meio de nos manter conectados com as pessoas que amamos.

Nossas histórias são dádivas para nosso coração. Thomas Attig escreve que "podemos retornar às histórias deliberadamente para propósitos específicos {para refrescar a memória ou compreensão, ou para buscar uma nova compreensão} ou conforme os eventos em nossa vida nos lembram de [nossos entes queridos] e de sua importância contínua para nós… o que nos leva a perceber o valor eterno dessas vidas".

Três de meus amigos reformularam partes de seus lutos de maneiras criativas e espirituais, e concordaram gentilmente em deixar-me compartilhar partes de suas histórias neste capítulo. Eles conseguiram, de alguma forma, manter relacionamentos vibrantes e significativos com seus amados, mesmo depois da morte. Esperamos que, ao ler suas histórias de reformulação, você encontre um pouco de paz e talvez seja inspirado a reformular o seu próprio luto.

A Representante

Jan, marido de Nancy LeCroy por trinta e três anos, morreu em outubro de 2013. Para ela, a capacidade de reformular o luto começou com um gatinho preto. "Os olhos de um animal têm o poder de falar uma grande linguagem", escreveu Martin Buber; para Nancy, essa linguagem era de conforto e esperança.

> No início de meu luto, eu estava perdida, entorpecida. Conseguia me concentrar no que estava à minha frente, mas pouco além disso. Por necessidade, eu vivia no momento presente. Certa noite, poucos dias depois da morte do meu marido, Jan, eu estava na garagem alimentando dois conhecidos gatos pretos de rua (uma tarefa que era de Jan), quando um terceiro gato preto

apareceu. Lembro-me de pensar que outro irmão das ruas encontrou nossa casa. Mas então ela fez contato visual comigo, um longo olhar. Um momento depois, pude ouvir seu firme ronrom e senti ela se esfregar em minha perna.

Quase de imediato, ela pareceu uma oportunidade - uma criatura com quem eu poderia relaxar, que não esperaria que eu falasse, que não faria exigências, mas que poderia me confortar em silêncio. E, de uma maneira indescritível, ela começou a incorporar o espírito de Jan, minha perda, e meu desejo de estar perto de um ser vivo. Simples assim, ela se tornou importante em minha vida.

Embora eu não a tenha trazido para dentro de casa de imediato, comecei a procurar por ela, esperando que estivesse lá fora e acariciando-a quando ela aparecesse. Eu me lembro de pensar que não queria ser obrigada. Mas então ela conseguiu com muita facilidade abrir a porta, logo explorando minha casa muito tranquila, sentindo-se em casa e me fazendo companhia. Em pouco tempo, passamos a ser companheiras de casa, respeitosas e calmas uma com a outra. Ela encontrou um lar. E eu encontrei uma amiga.

Ouvi a história dela pelo meu vizinho, Mike. Ele a conhecera em um parque à beira de uma estrada perto de Jackson, Mississippi. Faminta e suja, ela foi corajosa o suficiente para entrar no carro dele. Ele, por sua vez, foi gentil o suficiente para alimentá-la e cuidar dela, e até mesmo trazê-la de volta para o Texas.

Quando ela se mudou para minha garagem para escapar do cachorro grande e barulhento de Mike, ela estava se recuperando de uma grande perda, assim como eu. Talvez suas próprias experiências a tivessem ensinado que ela precisava de tempo para se recuperar. Talvez estivesse pronta para ficar traquila e se curar. Gosto de pensar assim porque foi isso que ela me ensinou: ir devagar, dar pequenos passos, apreciar os momentos simples do dia a dia, o que significava que eu estava funcionando, pelo menos. Chamei-a de Eudora, ou Dora de forma abreviada, para homenagear minha escritora favorita do Mississippi, Eudora Welty.

Pensando agora, vendo nossa vida juntas, nós ajudamos uma à outra. Grandes perdas abrem feridas que precisam de tempo para cicatrizar, e nós duas estávamos no mesmo lugar traumatizado. Eu a alimentei e criei o conforto, o espaço e o cuidado de que ela precisava. Ela me fez companhia em meu quarto solitário. Ela ficava perto de mim por horas seguidas, às vezes ronronando durante o sono. Eu tinha em Dora alguém com quem conversar - alguém que não julgava minhas lágrimas. Ainda penso nela como representante de Jan pela forma como ela me ajudou durante os meses mais difíceis da minha vida.

Agora, alguns anos depois que ela também se foi, encontrei outra gata preta na Humane Society, tão agitada quanto Dora era quieta. O nome dela é Bella, e ela me lembra de como minha jornada de luto mudou. Minha jornada continua sendo desafiadora às vezes, mas agora posso focar minha mente, percorrer uma longa lista de "tarefas", oferecer conforto a outras pessoas, e até sentir alegria. Acredito que Dora foi uma grande dádiva, um pacote surpresa que consegui aceitar e que ajudou o meu processo de cura desde o início.

O Símbolo

Criar memoriais para nossos entes queridos pode desempenhar um importante papel na reformulação do luto. Quando passamos do "desapego" para o amor na separação, símbolos tangíveis – fitas, pedras, um banco, uma árvore – podem ser fundamentais.

Todos os anos, antes das férias de inverno, a organização sem fins lucrativos Faith & Grief instala um arco memorial em um parque no centro da cidade de Dallas. Pessoas cujos entes queridos morreram podem escrever o nome da pessoa em uma fita e amarrá-la no arco como um símbolo de lembrança. Todd Atkins é um pastor que pregou na cerimônia de abertura do culto ecumênico para o arco do outono de 2021. Eis um trecho de seu sermão, no qual Todd enfatiza a importância dos sinais e símbolos.

> Já ouvi pessoas descreverem o luto como uma montanha, mas, se o luto é uma montanha alta, então "não há montanha alta o suficiente". Eu já ouvi o luto ser descrito como um rio, mas se o luto é um rio que flui para um grande oceano, isso significa que ele está sempre fluindo para longe de mim, uma vez que os rios não correm para trás. Essas metáforas caracterizam o luto; no entanto, acho que elas são limitadas. Aprendi a ver o luto como pedras.
>
> Quando eu era criança, sempre carregava pedras nos bolsos. Eu tinha minhas razões. Minhas pedras eram meu meio de defesa, meu entretenimento e minhas companheiras. Elas eram minha defesa contra o cachorro enorme da nossa rua, cujo dever diário era perseguir as crianças da vizinhança. Eu atirava pedras naquele cachorro para nos proteger.

Antes de contar como as pedras eram minhas companheiras, deixe-me contar o quanto minha mãe detestava o fato de que eu carregava pedras nos bolsos. Todas as pedras tinham bordas afiadas e irregulares, e acabavam rasgando meus bolsos. Minha mãe tinha solução para tudo – até mesmo para os furos em meus bolsos –, então, ela me disse para ir até o riacho pegar pedras lisas.

Depois das chuvas, um riacho do outro lado da rua se enchia de água e se dispersava. Meu irmão e eu nos entretíamos por horas jogando pedras naquele riacho. Contávamos o número de saltos que elas davam na superfície e nos gabávamos de quem conseguia fazer elas saltarem mais, que geralmente era eu.

As pedras do meu luto também me entretêm porque representam memórias que trazem um sorriso ao meu rosto. Segurando uma pedra, lembro-me do meu tio J, cujo bordão era "O que você sabe de bom?". Ou então, lembro-me do meu tio Sunny, que, quando alguém tentava levá-lo a fazer algo para o qual ele não estava pronto, respondia com "Você está me carregando rápido demais".

Nas aulas de ciências do ensino médio, aprendemos que as pedras não são lisas, mas, se forem colocadas sob água corrente, tornam-se lisas com o tempo. A água corrente é a lixa da natureza, esmerilhando as bordas afiadas e irregulares e alisando as pedras.

O luto não começa uniforme e liso. Muitas vezes, ele começa com muitas bordas ásperas e irregulares que podem rasgar os bolsos; mas, com o tempo, suas lágrimas podem ajudar a criar uma superfície lisa. Essa constatação me permitiu redefinir minhas lágrimas e ver meu luto através de uma nova lente. Eu não estou chorando; em vez disso, estou lixando minhas pedras. Não estou deprimido; em vez disso, estou apenas lixando minhas pedras. Não é um dia triste; é um bom dia para lixar.

Pedras lisas são mais aerodinâmicas, o que as torna boas para atirar em cães agressivos, e elas também saltam melhor em poças. Finalmente, minhas pedras são minhas companheiras. São as pessoas que estão em um "lugar muito melhor". Estamos sobre um alicerce que é sustentado por pedras que foram assentadas e alisadas ao longo de anos e gerações. É impossível carregar todas as pedras no seu bolso, mas, se você as carregar no seu coração, sempre há espaço para mais uma.

A Carta

Quando Thomas Merton foi indagado sobre a sua decisão de ingressar em uma das mais rigorosas e ascéticas ordens monásticas da Igreja Católica, ele deu uma resposta interessante. David Chernikoff resume a resposta de Merton desta maneira: "Ele não se tornou um monge trapista para sofrer mais do que outras pessoas, mas fez isso porque queria aprender a sofrer de maneira mais eficaz".

O filho de Elaine Gantz-Wright, Elliot Everett Wright, tinha 26 anos quando morreu, em agosto de 2018. Por meio de nossa amizade, senti que o desejo de Elaine de sofrer é semelhante ao de Thomas Merton: isto é, se todos vamos sofrer na vida, e *vamos* todos sofrer, podemos muito bem aprender a sofrer de maneira eficaz.

Elaine, cujas palavras já vimos anteriormente neste livro, fala com frequência em reuniões da Faith & Grief, nas quais compartilha "Uma Carta de Elliot". Ela escreveu essa carta na voz de seu filho após a morte, como se ele a estivesse escrevendo para ela. A prática espiritual no fim deste capítulo envolve escrever uma carta para seu ente querido, ou uma carta enviada por ele a você. "O luto encobre o olho de sua mente e apressa seu senso de possibilidade", reflete Elaine. "Nada parece certo. São tantas as direções, mas não temos para onde ir. É uma perplexidade visceral – figurativa e física, junta e separada, curiosa e aterrorizante. Como isso pode ter acontecido?"

Querida mamãe,

Não sei o que dizer, mas sinto a necessidade de escrever. Acho que esse é um dos meus dilemas característicos, ou devo dizer compulsões? Sobretudo, queria dizer que estou bem. As coisas estão bem por aqui, mamãe. Estou bem. Então, pare. Pare de se preocupar.

Odeio ver você em um estado tão constante de desgraça. Eu vejo você, e gostaria de poder aliviar sua dor. Acho que nunca tive plena consciência de todo o amor que havia ao meu redor.

No entanto, eu sei o quanto você odiava minha motocicleta. É por isso que parei de falar dela. Naquele momento, naquela linda tarde de domingo, era a única coisa que importava para mim - minha mania tornou-se uma coisa errada, eu receio. Sei que você tentava me psicanalisar o tempo todo, mas não cabia a você vencer meus demônios.

Eu não queria que isso acontecesse, mas aconteceu. Eu não posso mudar isso. Desculpe.

E eu sei o quanto você luta para compreender o sentido de minha morte e de minha vida também. Para entender tudo de alguma maneira - investigar, questionar, sondar e perguntar, mas é um mistério sem solução. Melhor deixar o fato inexplorado. O que está feito não pode ser desfeito. (Até citei um pouco de Shakespeare para você. A propósito, ele envia suas saudações - em pentâmetro iâmbico, é claro.)

Vejo você tentando desesperadamente juntar as peças de todos os fatos e eventos - rastreando minhas migalhas de pão digitais para desvendar meu enigma, *mas isso não vai ajudar.* Confie em mim. Você se lembra de quando tentou colocar controles parentais no nosso primeiro PC quando eu tinha 14 anos, e eu o hackeei antes mesmo de você perceber? Pense nisso. É por isso que tem sido quase impossível para você chegar a qualquer lugar ou encontrar qualquer coisa.

Eu odeio ver você chorar tanto e se sentir tão culpada. Não há absolutamente nada que você pudesse ter feito para mudar o que aconteceu. *Nada.* Eu prometo.

Você se lembra da vez que visitou aquela médium espiritual, que disse que há um plano maior que você não poderia compreender? Bem, embora eu sempre tenha sido muito cético em relação a toda aquela baboseira supersticiosa, ela estava certa nesse caso. É muito maneiro. Você não acreditaria... mas isso é tudo o que posso dizer.

Inevitável. Acordo de alma. Além do meu cacife.

É uma merda para todos os outros. Não sei por quê, mas sei de algumas coisas: a vida não tem sido fácil para você, mamãe. Tanta luta, decepção, dor e perda. Sei que você tentou tanto, e eu nunca te agradeci. Eu quero que você seja feliz. E eu sei que Ian e eu não fomos os filhos mais tranquilos também, mas somos seus maiores amores. Não questione se eu sabia o quanto você me amava. Eu sabia. *Eu sei.* Me desculpe por eu nunca ter cumprido a tarefa de dizer como eu me sentia de forma decente. Eu não sabia como.

Você esteve lá o tempo todo, apesar da disfunção desenfreada da nossa árvore genealógica. Você esteve lá durante os tempos bons, os medíocres e os horríveis. Francamente, acho que você aguentou mais do que a sua quota. Há tanta coisa que nunca te contei - e você nunca saberá. Por favor, fique em paz com isso.

Você está frustrada com tantas coisas agora, mas eis um rápido lembrete: estamos todos em nossa própria jornada. Isso parece um clichê, mas é a verdade. Em particular, seja paciente com Ian. Ele encontrará o seu caminho. Ele carrega sobre os ombros todas as expectativas de uma geração. Deixe que ele encontre seu próprio caminho em seu próprio tempo. Eu sei que às vezes isso é difícil. A vida é muito curta, como descobri abruptamente. Ai, piada de mau gosto, mas, ei, as coisas são como elas são. (Eu sei que você odeia esse ditado.)

Não importa como, estou aqui com você, mas talvez não do jeito que você esperaria. Eu sei que pareço distante e difícil de encontrar, mas é assim que sempre fui, não é? Procure por mim. Aquela serena garça branca que você vê no riacho quando caminha. Os brilhantes rastros dos jatos, que parecem algodão, cortando o céu azul em dias ensolarados. As palavras e gestos bondosos das pessoas que se importam com você. As surpreendentes histórias esotéricas na rádio NPR sobre o Japão, bitcoin, saxofonistas mortos, David Foster Wallace - embora você se sinta abandonada por tantas.

Ouço você dizer boa noite todas as noites e vejo você estremecer ao abrir os olhos todas as manhãs. Dá para perceber que às vezes você se sente como se não conseguisse continuar. Por favor, continue. Viva. Encontre alegria. Não desista da vida.

Ah, e uma ressalva: a Terra parece estar passando por uma reinicialização radical agora - de maneiras que você nem imagina. Essa coisa de vírus e de desordem civil... é apenas o começo. *Talvez meu timing não tenha sido tão ruim, afinal, certo?!* Mas, falando sério, isso está fora do seu controle, tudo isso. Continue escrevendo e cuide-se. Isso é tudo o que você pode fazer. Eu sempre farei parte de você - por toda a eternidade. Embora eu não tenha dito isso em voz alta quando você dizia a mim o tempo todo, *eu te amo, mamãe.*

—*Elliot*

P.S. Patches diz miau. Dê um abraço no "Ace Landers" por mim.

Conectando-se Através da Lacuna

Muitas pessoas já apontaram que, com o advento das mensagens de texto, *tweets* e *e-mails*, escrever cartas está se tornando uma arte perdida, muito depressa. Mas escrever uma carta pode nos ajudar a ampliar e a elaborar nossos pensamentos e a processar nossos sentimentos. Tenho alguns pacotes de cartas que Bob me escreveu durante os dias de nosso namoro apaixonado. Como eu gostaria que houvesse mais. Todos os anos, no meu aniversário, eu as pego e as leio, pois são registros escritos do nosso caso de amor. Elas são tesouros. Minha irmã, Alice, é uma perfeita escritora de cartas. Ler suas cartas é como vê-la sentada na minha frente e ouvi-la falar de suas atividades e seus planos futuros. Elas também são tesouros.

Enquanto Bob e eu estávamos na jornada do Alzheimer, ex-alunos e amigos lhe escreviam cartas. Conforme eu lia as cartas para ele, um sorriso cruzava seu rosto com uma dica de que ele se lembrava do amigo e dos tempos sobre os quais eles escreviam. Depois de ler as cartas, eu as colocava na mesa ao lado de onde ele se sentava. Ao longo do dia, ele as pegava, as virava e as segurava por muito tempo. Quando eu me sentava com ele nesse período, eu relia as cartas e ele respondia como se fosse a primeira vez que ouvia a mensagem. Tal como as cartas de Bob e Alice, as memórias dessas cartas também são tesouros.

Ler cartas de pessoas amadas, tanto mortas como vivas, pode fazer parecer como se estivessem próximas de nós. Mas você já considerou escrever uma carta para um ente querido que morreu? Ou vinda *deles*? Embora possa parecer estranho à primeira vista – escrever uma carta para alguém que não pode recebê-la, ou escrever uma carta na voz de alguém que morreu –, pessoas em luto relatam que é um ato de reformulação que proporciona cura. Embora talvez não pensemos no ato de escrever cartas como uma prática espiritual, é uma atividade profundamente espiritual na medida em que nos conecta a outro espírito humano. Escrevendo em oração, nos conectamos com Deus e com a pessoa querida. Escrevendo com sinceridade, paramos de tentar nos desapegar de nosso ente querido. Escrevendo através da lacuna entre os vivos e os mortos, aprendemos a nos ver amando-os em separação.

Prática Espiritual

Escrita de cartas

Esta prática espiritual pode ser muito útil se você tiver um conflito não resolvido ou uma pergunta para seu ente querido. Escreva a primeira carta à sua pessoa amada falando dos sentimentos persistentes que você tem em torno desse tópico. Em seguida, escreva uma segunda carta, um ou dois dias depois, de seu ente querido respondendo à sua primeira carta.

- Encontre papel, caneta ou lápis e um local confortável para escrever. Se quiser, você pode acender uma vela e colocá-la perto como um lembrete de que o Espírito do amor está aceso. Decida se você quer escrever uma carta para sua pessoa amada ou receber uma carta dela.

- Centralize seus pensamentos com a seguinte oração respiratória:

  Inspire: *Graça e paz dentro de mim.*

  Expire: *Graça e paz ao meu redor.*

- Comece a escrever. Comece com a data do dia e uma saudação, *Querido* (o nome pelo qual você costumava chamar seu ente querido com mais frequência *ou* pelo qual seu ente querido chamava você). Eis alguns modelos de escrita a seguir, se necessário.

  De você para seu ente querido:

  Esta manhã eu queria te contar…

  Estou pensando em fazer algo fora do comum e quero discutir com você antes.…

  Desde a sua morte, venho sendo surpreendido por…

- De seu ente querido para você:

  Do nada, pensei sobre quando…

Tenho uma nova perspectiva e, acima de tudo, quero que você…

Me pergunto se você me ouviu dizer que ultimamente, …

- Quando terminar de escrever a carta, leia-a em voz alta.

- Reflita e registre os pensamentos e sentimentos que você experimentou durante esta prática de escrita de cartas. O que o surpreendeu mais na experiência? Você se sentiu mais próximo ou mais distante do seu ente querido? Que emoções vieram à tona? O que você faria de diferente da próxima vez?

Capítulo 10

O Que Fazer Daqui em Diante? Discernindo o Futuro

Eu consigo me virar por um dia ou dois sem você
E talvez consiga me virar durante uma noite solitária
Eu posso rir e posso beber e provavelmente vou ficar bem
até a manhã chegar
Mas o que vou fazer com o resto da minha vida?

– Merle Haggard

O que vou fazer agora? Em qualquer momento de transição, perguntamos a nós mesmos – e a outras pessoas – versões da questão que Merle Haggard indaga em sua música. Provavelmente já perguntamos isso muitas vezes – depois da formatura, depois de ofertas de emprego e de aposentadorias (alguém se aposenta apenas uma vez hoje em dia?), depois da conclusão de projetos estimulantes, e quando, depois da morte de um ente querido, a vida é interrompida, suspensa e estagnada.

Depois que Bob morreu, os pontos de interrogação em minha mente apenas se multiplicaram. Vou dormir no lado dele da cama agora? Vou continuar tomando iogurte nas tardes de domingo? Vou usar sua xícara favorita no café da manhã? Devo manter o seu pente, seus óculos de sol, seu frasco de loção pós-barba?

As perguntas também surgiram de meus amigos. Você sabe jogar baralho? Em que momento do dia você mais sente falta de Bob? Podemos dar um passeio? Quer jantar conoco hoje à noite? Você pode pregar para mim, ou ainda não está pronta para voltar?

Elas surgiam de estranhos e conhecidos que sabiam que ele havia morrido. Você vai ficar na sua casa? Você vai se mudar para outra cidade? Onde está seu amigo – quero dizer, vocês não costumavam sempre caminhar juntos por volta das dez horas, todas as manhãs?

A pergunta – O que eu vou fazer agora? – deixou-me com sentimentos dolorosos que eu classificaria entre um 4 (Angustiante) e um 5 (Muito Angustiante) naquelas escalas de dor em um consultório médico. A descrição dessa dor interfere de modo significativo nas atividades da vida diária. Requer mudanças no estilo de vida. O paciente permanece independente.

Outra versão da pergunta dói ainda mais: o que eu iria fazer com o *resto da minha vida*? Nesta eu vacilei entre 8 (Totalmente Horrível) e 9 (Excruciante, Insuportável). No início da vida, a questão sobre o que você vai fazer com o resto da sua vida pode provocar entusiasmo em relação às oportunidades futuras, bem como um pouco de preocupação e medo. Porém, mais tarde, especialmente depois da morte do cônjuge, as questões sobre o que vem a seguir mudam de maneira abrupta.

Para mim, essas questões pareciam hologramas em todos os cômodos de nossa casa silenciosa, vazia e cheia de memórias. Pela primeira vez em meus mais de sessenta anos de vida, não me sentia sobrecarregada com responsabilidades. Pela primeira vez na minha vida, eu não estava riscando tarefas em uma lista mental. Porque não havia nada – nem um único assunto – que precisasse da minha atenção.

Depois que uma pessoa amada morre, as perguntas persistentes sobre o que vamos *fazer* no futuro podem parecer insuportáveis. Porém, se a mudarmos ligeiramente, isso pode nos ajudar a ver o futuro sob um ângulo diferente. E se, em vez de perguntar o que vamos *fazer* agora, perguntarmos: Quem eu quero *ser* agora?

Explorar essa questão – a respeito de quem estamos nos tornando – nos conduz por caminhos espirituais de discernimento. Como qualquer época de transição, o luto é um momento de que precisamos para discernir os próximos passos. Então, embora o futuro seja, muitas vezes, a última coisa que queremos fazer durante nosso luto, é para questões de discernimento que nos voltamos agora.

Quando percebi, durante anos de sofrimento, que eu não podia fazer nada para mudar o caráter do pai das minhas filhas e que eu não queria mudar meus próprios valores, optei por fazer o impensável: pedir o divórcio. Durante o divórcio, os fogos de artifício do novo amor se transformam em fogos de artifício de luto e, muitas vezes, de agressividade. O luto envolve uma minimorte de grandes esperanças e sonhos de um "felizes para sempre".

O trabalho de luto do divórcio é, em alguns aspectos, semelhante ao do próprio luto pela morte de alguém querido – cheio de angústia, medo e arrependimentos. Quando chegou a hora de assinar os papéis finais do divórcio, atravessei a rua até o tribunal durante minha hora do almoço para não perder horas de trabalho. Eu me lembro de pensar em como era diferente andar até o tribunal em vez de andar até o altar vestida de noiva.

Quando voltei, meu chefe me encontrou na porta do escritório e me convidou para sentar nos degraus e compartilhar meus pensamentos e sentimentos. "*Acho* que vou ficar bem", eu disse. "Mas *sinto* como se eu estivesse em um buraco muito, muito profundo e escuro."

"Fique nesse buraco", ele me disse. "Não se apresse a tentar sair logo dele. Mas fique lá até decidir quem você quer ser depois que sair."

Agradeci educadamente por seu conselho – pensando o tempo todo que era a coisa mais horrível que já ouvira. Ficar naquele buraco?! Quem em sã consciência aconselharia alguém a fazer *isso*?

Estranhamente, porém, acabei encontrando liberdade nesse buraco muito, muito profundo e escuro. Comecei a reconhecer esse tempo e espaço como uma rara oportunidade para explorar meus talentos, habilidades e sonhos. Em vez de reconhecer a minha vida como limitada, escolhi vê-la como cheia de possibilidades. Nessa liberdade recém-descoberta, escolhi *ouvir* em momentos de oração em vez de pedir ajuda ou barganhar com Deus. E nesse tempo de luto, ouvi um chamado divino para o seminário.

Essa ligação mudou minha vida, assim como a vida de minhas filhas – um farol radical de esperança que ocorreu no processo de lamentação. Lembra-se da definição de lamentação que examinamos no Capítulo 2? Lamentação significa escolher responder ao luto e ao pesar de maneiras que reafirmem a vida. Quando lamentamos, isso nos liberta para discernir bem.

Discernimento

O que significa discernir o caminho a seguir? Antes de definir discernimento, vamos examinar uma história que mostra o que ele *não* é. Em *The Way of Discernment: Spiritual Practices for Decision Making* [O Caminho do Discernimento: Práticas Espirituais para Tomada de Decisão], Elizabeth Liebert escreve sobre uma jovem conversando com o diretor de um retiro espiritual. Ela estava falando sobre "seu senso crescente de generosidade e sua disposição para fazer a vontade de Deus. 'Eu estou apenas esperando', ela disse, 'que Jesus me diga o que ele quer. Quando isso acontecer, eu o farei'. Seu diretor, fazendo uma pausa, respondeu: 'Já lhe ocorreu que talvez Deus esteja esperando você decidir o que quer fazer para juntar-se a você lá?'".

Essa história nos lembra de que não podemos apenas esperar sentados para discernir. "Discernir" é um verbo antes de ser um substantivo, o discernimento. Ele é ativo. Discernir é transformar os pensamentos que fervem em seu coração em uma pergunta, apresentar essa pergunta ao Divino e ouvir um santo convite ou esclarecimento à sua questão.

O processo de discernimento após a morte de uma pessoa amada é diferente do discernimento que podemos realizar quando estamos escolhendo um emprego, um cônjuge ou um lugar onde morar. O discernimento envolve a ponderação de diferentes valores e objetivos e a priorização de alguns deles em detrimento de outros. Depois que um ente querido morre, nós, os sobreviventes, forjamos um conjunto novo e resumido de valores. Você conhece a lista de "O Que *Realmente* Importa" que todos nós levamos conosco ao longo da vida? Nós a encurtamos. Drasticamente. Pense no que você costumava colocar nessa lista – e o que você colocaria nela agora.

O discernimento é profundamente espiritual, altamente teológico e eminentemente prático. Simplificando, o discernimento é uma palavra chique, criada para esclarecer o processo também conhecido apenas como tentar entender tudo. O discernimento exige paixão, fé, oração, paciência e coragem. Vamos dar uma olhada em cada um dos ingredientes necessários para entendê-lo.

Paixão

Quando a dor do luto parece ter despojado todos os componentes significativos de nossa vida, a paixão, como muitos outros aspectos da vida, pode parecer ter desaparecido. A paixão percebe que nós precisamos de tempo e de espaço para sofrer; portanto, por amor e gentileza, ela escolhe hibernar por um tempo. Ela, porém, nunca vai embora de verdade. Como disse Nelson Mandela, a paixão não lhe permitirá "conformar-se com uma vida que seja inferior àquela que você é capaz de viver".

A paixão é nosso motivador intrínseco, nossa determinação de valor extrínseca e o contexto para nossas orações. É nossa fonte de entusiasmo, que deriva da palavra grega *entheos*: *en* (com) e *Theos* (Deus).

Santo Inácio de Loyola acreditava que a alegria brota da nossa paixão. Por isso, ele elaborou uma oração diária de exame como meio de registrar alegrias (consolações) e frustrações (desolações) diárias. Fazer o exame regularmente pode ajudar-nos a identificar ou afirmar nossa paixão. O exame será a nossa prática espiritual para este capítulo.

Após sua aposentadoria e a morte de sua esposa, Ralph descobriu que praticar voluntariado em sua igreja, em uma escola próxima e em um orfanato lhe trazia alegria. Após a morte de seu marido, Ann descobriu que encontrava alegria ajudando mulheres a combinar peças de roupa para que se sentissem lindas. Ela começou a trabalhar em uma loja e gostou de ganhar um dinheiro extra. Nicci encontrou significado ao cuidar e defender os interesses de sua avó durante os tratamentos de câncer. Depois da morte da avó, Nicci mudou sua graduação para se tornar enfermeira oncológica. Os personagens de cada um desses casos, enquanto passavam pelo luto, descobriram uma paixão.

O dr. Perryn Rice, um pastor presbiteriano, ofereceu em um sermão uma ideia útil como forma de identificar nossa paixão. Ele sugeriu: "Pense no que o deixa zangado. Realmente zangado". Crianças indo dormir com fome ou desertos alimentares? Famílias dormindo nas ruas? Falta de habitações acessíveis? Mortes por suicídio? Injustiça racial? Diminuição de estímulo no ensino de artes em escolas ou comunidades? Grafite em edifícios públicos? Vício desenfreado? Desvalorização de profissionais de saúde e servidores públicos? A sociedade ignorando pessoas que sofrem de doenças mentais?

Isolamento de doentes e idosos, bem como seus cuidadores? Algo mais? Siga o que o deixa furioso, sugere o dr. Rice, porque isso pode levar à sua paixão.

Jane ficou zangada quando sua neta com dificuldades de aprendizagem não tinha mais oportunidades sociais e aulas de habilidades para a vida depois que atingiu a puberdade. Jane teve a ideia de iniciar um programa para a comunidade nesse sentido. Foi planejado para adolescentes e adultos com necessidades especiais e para seus pais com necessidades de descanso. Os participantes aprendiam sobre sua tradição de fé, planejavam e lideravam os cultos, plantavam um jardim, preparavam refeições e dançavam a noite toda em festas planejadas apenas para eles.

Quer experimentemos uma nova oportunidade de voluntariado, ou sigamos nossa indignação, ou encontremos nossa paixão de alguma outra maneira, descobri-la pode nos ajudar a discernir os próximos passos.

Fé

A fé é uma dádiva contínua de Deus, disponível a todas as pessoas. A escolha de aceitar essa dádiva e confiar em sua bondade suprema não tem muito a ver com o que acreditamos sobre Deus.

Durante anos, depois de ir à igreja no domingo, eu ia ao supermercado para discernir (ou descobrir) o que Bob e eu teríamos para o almoço. Eu jogava alguns itens que pareciam fáceis de preparar na cesta e ia até o caixa. Certo domingo, um funcionário olhou para meu colarinho clerical e disse: "Eu não acredito em Deus". Isso me fez sorrir. Coloquei meus itens na minha sacola reutilizável e disse: "Bem, eu acredito que Deus acredita em *você*!".

E ainda acredito nisso. De certa maneira, se "acreditamos em Deus" ou não, pouco importa. Se Deus acredita em *nós*, às vezes isso é o suficiente para tornar a nossa dor suportável. Sharon, uma das cofundadoras da Faith & Grief, descobriu que a dádiva da fé a sustentou enquanto seu marido, Tom, recebia tratamento para um glioblastoma por anos. Sua fé a manteve em movimento enquanto sustentava a si mesma e ao filho de 11 anos, depois da morte de Tom. O luto e o pesar eram suportáveis porque Sharon acreditava que ela e seu filho estavam sob o cuidado benevolente de Deus. Ela também se sentia grata pelo fato de que a quantidade de fé que ela recebia de Deus, em qualquer dia, era o suficiente. Confiar que Deus acredita em nós ajuda-nos a sobreviver a períodos de luto.

A fé abre nossos olhos para ver e nossos ouvidos para ouvir. A Bíblia Hebraica contém uma história sobre o encontro de Moisés com a presença de Deus por meio de uma sarça ardente no deserto. Uma interpretação dessa história diz que o arbusto *sempre* esteve em chamas, mas nunca era consumido, pelo amor de Deus. Talvez os viajantes que passavam por aquele arbusto todos os dias apenas não percebessem que ele estava em chamas. Somente Moisés percebeu isso, e, por isso, apenas ele teve um encontro com Deus.

Enquanto está no processo de discernimento, preste atenção.

Perceba. Abra-se à maravilha. Pense no que Deus pode estar dizendo a você. Um amigo compartilhou que todas as vezes em que ele discerniu uma grande transição em sua vida, percebeu não apenas um ou dois, mas três falcões de cauda vermelha empoleirados ou voando perto dele.

Perceba. Abra-se à maravilha. Pense no que Deus pode estar dizendo a você por meio de encontros do destino. Um parente ficou intrigado com encontros ao acaso com pessoas, e as conversas que se seguiram. Ele ficou surpreso ao descobrir que havia conexões entre essas pessoas e que ele ignorava. As informações que ele obteve das conversas sobre a teoria dos seis graus de separação* tornaram-se trampolins em seu processo de discernimento.

---

* Teoria de que todas as pessoas estão separadas umas das outras por seis conexões ou menos. Essa teoria defende que, em uma cadeia de "amigos de amigos", qualquer pessoa no mundo pode ter uma conexão com outra em um máximo de seis passos. (N. do T.)

Perceba. Abra-se à maravilha. Pense no que Deus pode estar dizendo a você por meio de sonhos que não desaparecem ao raiar do dia. Uma mulher de meia-idade presa na vida corporativa não conseguia se libertar de seu profundo desejo de envolver-se no ministério. Depois de um corte de custos corporativo durante a Covid-19, ela completou os requisitos por meio de aulas *on-line* para se tornar uma pastora leiga comissionada. Ela agora serve a uma congregação de cuidados pastorais.

Na seção "Recursos", você encontrará uma oração judaica, a Amidá, que pode ajudá-lo a experimentar a maravilha e a graça da fé de Deus em você. Quando estiver tendo dificuldades com a fé, tente se perguntar: "E se Deus acreditar em mim?".

Oração

Mana Bailey discursou em uma reunião da Faith & Grief depois que John, seu marido, morreu. Pedimos que ela falasse sobre as maneiras como sua fé se cruza com sua dor. Ela captou a atenção dos participantes desde o início, dizendo: "Depois que John morreu, eu parei de orar". Ela fez uma pausa dramática e depois acrescentou: "Eu comecei a falar com Deus".

Um adolescente, refletindo sobre seu verão no acampamento da igreja, certa vez me disse: "Quando estou aqui, é fácil conversar com Deus. Melhor ainda, quando estou aqui é fácil *ouvir* a Deus".

A oração é uma conversa com o Deus vivo. Uma simples prática espiritual que pode guiar essa conversa exige tempo em um ambiente tranquilo, uma folha de papel e um instrumento de escrita. Dobre o papel ao meio verticalmente (longitudinalmente). Isso pode ajudar a escrever seu nome no topo do lado esquerdo, e o nome do Divino que você usa no lado direito. No lado esquerdo, escreva uma oração do seu desejo mais profundo para o seu futuro. Leia sua oração em voz alta e peça ao Divino para guardar essa oração para você. Desfrute em silêncio estar na presença sagrada de Deus. Ouça as palavras que entram em seu coração. Escreva as emoções e os pensamentos que se agitam dentro de você no lado direito do papel. Reserve alguns momentos para olhar ao redor, a fim de receber sugestões de uma conexão terrena para o seu desejo. Dependendo do tempo e do papel disponíveis, continue essa conversa com outro desejo, ou com o desejo original expresso com novas palavras. Esse processo de discernimento exige tempo, confiança e paciência. É um processo de refinamento. Eu me lembro da primeira vez que o pratiquei, há cerca de dez anos. Eu escrevi: "O que eu tenho de fazer?". Depois de ouvir, comecei a ser mais "especificamente geral". Escrevi: "Deus, como posso usar as dádivas que Você me deu e dispor de mais tempo com a minha família?".

Outra prática espiritual para momentos de discernimento é semelhante. Entretanto, em vez de se concentrar nos desejos para o seu futuro, converse com Deus sobre o seu passado. De novo, em um ambiente tranquilo, com uma folha de papel e um instrumento de escrita, permita que Deus se sente ao seu lado. Lembre-se de seus desejos de quando você tinha cinco anos. "O que você quer ser quando crescer?" Escreva uma oração expressando esse desejo e ouça Deus conversar com a sua criança interior. Continue a prática lembrando-se de quando você tinha dezoito anos, ou trinta, ou outra idade. Pelo que você ansiava? O que Deus diria a você?

Observe como seus desejos atuais e passados estão conectados ou desconectados. Que sentimentos foram despertados enquanto você estava tendo essa conversa com Deus? De que formas a nossa experiência com a oração muda quando reconhecemos que a oração, como a fé, não é autoiniciada, mas, em vez disso, é uma resposta ao convite de Deus para uma conversa?

Ao orarmos pelo futuro e recordarmos o passado, afirmamos a capacidade de Deus de estar em todos os lugares ao mesmo tempo, conhecida como onipresença. Podemos pensar que essa palavra significa que Deus está em todos os lugares, e isso é verdade. Porém, muitas religiões compartilham a ideia de que Deus estava, está e estará em todos os *tempos* – passado, presente e futuro. Será que o fato de se concentrar na presença de Deus ao longo do tempo muda a maneira como você experimenta o luto? A forma como você ora?

Paciência

Um dos maiores desafios da vida para nós é fazer amizade com o mistério do tempo. Depois da morte de uma pessoa amada, nós, assim como a autora Ingrid Betancourt, aprendemos "que o presente mais precioso que alguém pode nos dar é o tempo, porque o que dá ao tempo o seu valor é a morte". Ficamos muito sintonizados ao fato de que o tempo é uma dádiva preciosa e não deve ser desperdiçada. Isso pode resultar em avançarmos com pressa em nosso processo de discernimento, o que pode não nos levar à sabedoria que buscamos.

Quando respostas à pergunta "O que vou fazer agora?" não se apresentam de imediato, compreender o conceito taoísta de *wu-wei* é útil. *Wu-wei* é uma abordagem ao tempo, humilde e cheia de confiança. *Wu-wei* nos encoraja a relaxar, a voltar as costas para o vento e descansar. Ele sugere que não forcemos uma resposta prematura para uma pergunta abrangente. O taoísmo contém uma profunda reverência pela natureza, e a serenidade e paciência que vemos no mundo natural podem instruir nossa alma.

Os cristãos podem dizer que o *wu-wei* envolve colocar mais confiança – uma confiança mais elevada – no *kairós*, o tempo de Deus, do que no *chronos*, o tempo secular. Os gregos tinham duas palavras para designar o tempo: *kairós*, que significa o momento certo, crítico ou oportuno; e *chronos*, significando os segundos, minutos e horas construídos pelos tique-taques de cada dia.

A paciência é o eixo do processo de discernimento. Ela nos ancora à medida que nos envolvemos nesse processo. Eu nunca conheci ninguém que afirmasse de modo inequívoco: "A paciência é o meu dom". A boa notícia é que a paciência pode ser cultivada. Podemos praticá-la.

Quando discerni um chamado para ser diretora espiritual, quis uma certificação o mais rápido possível. O reitor de um programa para essa área me ouviu pacientemente enquanto eu recusava o processo de certificação de três anos. Meus anos no cuidado pastoral não contavam créditos? Meu diploma de doutora em ministério não valia créditos avançados no programa? O reitor ouviu todas as minhas perguntas, repetindo a mesma resposta: "Não". Antes de sair bufando, o reitor me entregou um artigo para que eu lesse, sobre como se tornar um diretor espiritual.

Li o artigo e fiquei emocionada com uma frase que dizia: "Leva muito tempo para fazer picles". Paciência e paz entraram no meu coração e isso me deixou mais humilde. Eu me matriculei em um curso de três anos de direção espiritual. O tempo voou. Cada experiência e cada gota de sabedoria fornecia pão para minha jornada – oportunidades se apresentaram na semana seguinte para colocar em prática o que aprendi.

Convide sua alma para compartilhar com você sua sabedoria a respeito da vida – seus dons concedidos por Deus, suas habilidades e seus desejos ocultos. Convide sua alma para lembrá-lo do conhecimento e do incentivo que você recebeu de seu ente querido, e possivelmente dos sonhos que ele sempre teve para você. Esse tempo relaxado e focado pode incentivá-lo a abraçar um maior número de considerações para dar sentido à sua vida. Também pode permitir que você ouça a afirmação que anseia ouvir de seu ente querido.

Coragem

"O que as outras pessoas pensam de você não é problema seu. É problema delas." Eu não me esqueci dessa sabedoria, expressa por um ministro e conselheiro de nosso grupo no seminário. São palavras que eu gostaria de ter ouvido antes na vida – tipo no ensino fundamental. Lembre-se também dessa verdade no processo de discernimento. Não importa o que os outros pensam de seu processo de luto. Isso é problema deles, não seu.

É preciso coragem para poder lidar com nossas próprias histórias de luto e deixar de se importar com o que os outros pensam delas. Lembra daquela lista de "O que *Realmente* Importa" da qual falamos no início do capítulo? Aquela que ficou pequena depois que uma pessoa amada morreu? Bem, nossas listas podem ser curtas e podem incluir itens diferentes dos que estavam nelas antes, mas agora cada elemento resistiu ao soco no estômago que o luto nos deu.

Depois que alguém morre, a pessoa que permanece muitas vezes diz: "Sinto que posso fazer qualquer coisa agora, porque nada pode doer mais do que isso pelo que já passei". Isso é a coragem falando. Nosso luto não fabrica coragem. Em vez disso, ele revela a coragem que já existe dentro cada um de nós.

Em *The Book of the Qualities* [O Livro das Qualidades], J. Ruth Gendler escreveu: "Quando a Coragem caminha, é claro que ela fez a jornada da solidão à solitude. As pessoas que me disseram que ela é severa não estavam mentindo; elas apenas se esqueceram de mencionar que ela é gentil". Quando esse atributo severo e gentil é misturado na receita para o discernimento, uma convicção e uma resiliência recém-adquiridas definem o nosso curso para que possamos ir mais longe.

Um período indeterminado geralmente transcorre antes que a coragem complete a jornada para a solitude: a percepção de estar sozinho sem estar sozinho. É igualmente importante nunca esquecer, nem por um minuto, que a coragem caminhou ao seu lado em sua jornada por este livro.

Talvez você se lembre de que, no primeiro capítulo, eu o parabenizei pela coragem que você demonstrou no início dessa jornada através do luto. Espero que agora, com a confiança gerada pela autocompaixão, você também seja capaz de se parabenizar.

Alegrias Escondidas

Durante anos tenho observado que certas pessoas exalam o que eu chamo de "plenitude de vida" ou "entusiasmo pela vida". Curiosa, tentei entender por que algumas pessoas parecem tão vivas e outras parecem entorpecidas ou monótonas. Com o tempo, descobri um paradoxo: as pessoas que irradiam sabedoria, alegria e compaixão são muitas vezes as mesmas pessoas que processaram dores, tragédias e injustiças profundas. Elas vivenciaram seus piores pesadelos, e ainda estão de pé. Alegria e dor, escreve Ann Voskamp, autora de *One Thousand Gifts* (*Vida Simples, Vida Plena*), são "apenas duas artérias de um único coração que bombeia dentro de todas as pessoas que não se entorpecem para realmente viver". O luto pode deixar as pessoas amargas e entorpecidas, mas, quando escolhemos lamentar em vez de seguir em frente, podemos descobrir, com o tempo, uma alegria que não sabíamos que era possível.

Sabedoria, maturidade espiritual e beleza interior chegam até nós através do luto. O dramaturgo trágico grego Ésquilo proclamou diversas vezes, "a sabedoria vem através do sofrimento". Muitas vezes eu me opus a essa ideia; outras vezes, experimentei essa mesma verdade e a observei em outras pessoas.

É sábio abster-se de expressar essa verdade para confortar os outros. Em vez disso, qualquer sabedoria ou alegria que possa vir através do sofrimento geralmente chega em silêncio, aproximando-se de modo sorrateiro, quando menos esperamos. Não é uma "lição" que devemos esperar ou afirmar para outros; em vez disso, é algo que podemos descobrir por nós mesmos, ao longo do tempo.

Depois de frequentar algumas aulas de cerâmica, às vezes imagino o luto como um oleiro. O luto tem visão, paciência e amor para executar seu trabalho em nós. Ele julga adequado descartar grandes quantidades de argila para fazer uma jarra digna de conter e carregar as dádivas inextricavelmente vinculadas de sabedoria e alegria. Sem o trabalho de um oleiro como o luto, somos potes de barro que não têm o espaço ou a capacidade suficientes para essas dádivas.

Quando uma pessoa amada morre, talvez nos perguntemos se sentiremos alegria de novo, um dia. Pode parecer que a felicidade se escondeu de nós para sempre. Porém, com o tempo, desenvolvemos olhos para ver as sarças ardentes ao nosso redor – a presença do sagrado que permeia todas as coisas. Olhando de perto para os eventos e sentimentos que experimentamos ao longo do dia, podemos começar a realocar nossa alegria.

A oração do exame, atribuída a Santo Inácio de Loyola, fornece um modelo para refletirmos, darmos ações de graças, buscarmos o perdão e orarmos para a percepção contínua da presença divina conosco. A prática dessa oração de quatrocentos anos nos oferece uma maneira de viver de maneira mais profunda e atenta a cada dia.

Nossas histórias de luto se desenrolam de diferentes maneiras. Ninguém pode contar a história do nosso luto por nós, e ninguém pode nos apressar para que experimentemos a alegria de novo. Ninguém pode prever quando esta ou aquela onda de luto nos derrubará. A história de nossa vida se desdobra à medida que lidamos com desafios e tristezas e buscamos estabilidade em meio às mudanças. Mas dentro dessa história há vislumbres da orientação amorosa, das dádivas da graça, do companheirismo e do apoio de Deus ao longo do caminho.

Conte sua história de luto. Carregue sua tristeza e seja amigo de suas emoções. Navegue as ondas e ofereça compaixão a si mesmo. Confie na sua fé, na sua comunidade e nas práticas espirituais ensinadas neste livro para ajudá-lo. Aprenda a não "deixar ir" ou "seguir em frente", mas a amar na separação. O amor ainda o cerca. E o amor é mais forte do que a morte.

Prática Espiritual

O Exame

O exame foi concebido para ser uma oração diária. De manhã, em geral as pessoas gostam de revisar o dia anterior logo depois de acordar; as pessoas noturnas talvez prefiram revisar o dia atual antes de dormir. Indivíduos que são organizados gostam muito desta oração porque ela tem cinco passos claros; aqueles que preferem menos estrutura gostam desta oração porque ela só tem cinco passos. De qualquer forma, com o tempo, o Espírito abrirá seus olhos para padrões que o guiarão e o ajudarão a discernir maneiras de ampliar a alegria em sua vida.

Caso tenha interesse em ler mais sobre o exame, consulte o livro de Jim Manney, *A Simple, Life-Changing Prayer: Discovering the Power of St. Ignatius Loyola's Examen* [Uma Oração Simples e Transformadora: Descobrindo o Poder do Exame de Santo Inácio de Loyola], ou o de Margaret Silf, *Inner Compass: An Invitation to Ignatian Spirituality* [Bússola Interior: Um Convite à Espiritualidade Inaciana].

Aqui estão os cinco passos da oração do exame.

1. **Peça luz (iluminação) a Deus.** Determine olhar para o seu dia com os olhos de Deus, e não apenas com os seus.
2. **Agradeça.** A gratidão é a marca registrada da espiritualidade inaciana. Inácio escreveu a um amigo: "Antes nos cansaremos de receber as dádivas [de Deus] do que [Deus se cansará] de dá-las". Dê graças pela vida com Deus por meio dos acontecimentos do seu dia – as dádivas visíveis e invisíveis.
3. **Reveja o dia.** Pense no seu dia com Deus. Considere seus estados de ânimo interiores, seus sentimentos, impulsos, reações, emoções ou padrões de pensamento associados às experiências do seu dia. Inácio se referia a essas respostas como "consolações" e "desolações" espirituais. As consolações são coisas que aumentam nosso amor por Deus, a esperança, a caridade para com os outros, a tristeza pelo pecado, a alegria interior, a quietude, a paz, o movimento em direção a Deus, um sentido de propósito esperançoso, e não ser autoabsorvido ou egocêntrico. As desolações espirituais são coisas como a escuridão da alma, a inquietação, o foco em si mesmo, o desejo por coisas vis, a falta de confiança, de fé, de esperança ou de amor, a preguiça, secura, tristeza, peso, separação de Deus, e pensamentos que nos afastam de Deus.

Não tente repassar cada minuto do dia. Não tenha pressa, e confie na orientação do Espírito ao se lembrar.

Possíveis sugestões:

Pelo que você é mais grato ou menos grato hoje?

Quando você se sentiu mais próximo ou mais distante de Deus?

Qual foi a melhor parte ou a pior parte do seu dia?

Quando você se sentiu aberto ao Espírito de Deus ou sentiu que o bloqueou?

4. **Enfrente suas falhas.** Peça perdão a Deus. Compartilhe com Deus maneiras específicas como você demonstrará gratidão pelo perdão de Deus por meio de suas palavras, ações e meditações de seu coração.
5. **Olhe para o dia que está por vir.** Onde você mais precisa de Deus no dia de amanhã? Peça a Deus para estar com você amanhã.

Reserve algum tempo para refletir ou escrever sobre sua experiência com esta oração. Qual etapa foi fácil? Qual foi mais difícil? O que você aprendeu sobre si mesmo? E sobre Deus?

Recursos

As tradições religiosas estão repletas de histórias sobre a morte e preces, canções e rituais para nos ajudar a navegar pelo luto. Com frequência, escutamos essas histórias e não sentimos uma conexão visceral com elas. Porém, se nós mesmos estivermos no processo de luto, isso pode mudar. Podemos descobrir a riqueza da sabedoria espiritual em nossa própria tradição ou em outras.

Os recursos apresentados nesta seção provêm de várias tradições religiosas, e é importante apontar que eles não constituem, de modo algum, uma coleção exaustiva. Você talvez descubra alguns aspectos que podem se aplicar à sua história de luto ou que irão ajudá-lo a navegar pelas ondas de sua dor. Considere aprender mais sobre a tradição religiosa da qual surgem esses aspectos e pedir a amigos de religiões diferentes da sua para ajudá-lo a compreender melhor seus rituais de luto.

Os rituais de luto e lamentação, quer sejam experimentados sozinho, quer seja em comunidade com outras pessoas, podem fazer com que nos sintamos menos sozinhos. Eles nos conectam a outras comunidades e indivíduos em luto, tanto no âmbito geográfico como no temporal.

Litania para a Libertação

Esta litania foi escrita pelo reverendo Fran Pratt, pastor, escritor, músico e místico. Encontre mais recursos fornecidos pelo reverendo Pratt em www.franpratt.com.

Deus,

Nós, seres humanos, temos uma tendência de nos apegar às coisas. Ajuda-me a me soltar e a me desapegar.

Libero meu medo a Ti, Deus.

Libero minha dor a Ti, Deus.

Libero minhas incertezas a Ti, Deus.

Libero minha vergonha a Ti, Deus.

Libero minha inquietação e corro a Ti, Deus.

Libero minhas preocupações a Ti, Deus.

Libero minha defensividade a Ti, Deus.

Libero a Ti qualquer sentimento de que preciso fingir ser algo, ou representar um papel.

Libero a Ti qualquer sentimento de que sou indigno, ou de que não sou amado por ti.

Libero a Ti todas as interações que tive com pessoas que me magoaram ou que me chocaram.

Libero a Ti qualquer porção de rancor ou falta de perdão que esteja retida dentro de mim.

Libero a Ti qualquer desejo de vingança ou necessidade de provar um argumento.

Eu me liberto de expectativas inadequadas que outras pessoas impuseram sobre mim.

Eu me liberto de insistir na perfeição.

Eu me liberto de microgerenciar situações, ou de assumir responsabilidades em excesso.

Eu me liberto de dizer Sim quando deveria estar dizendo Não.

Eu me liberto de dizer Não quando deveria estar dizendo Sim.

Eu aceito a paz que Tu me ofereces em tua presença.

Eu aceito o repouso que Tu me ofereces ao carregar meus fardos.

Eu aceito a liberdade que Tu me ofereces
De não julgar
De não consumir
De não categorizar ou rotular
De não preencher o silêncio com barulho.

Eu aceito a espaciosidade que resulta do abandono de coisas que não servem a mim nem a outros.

Amém.

Kaddish do Enlutado

Os judeus enlutados recitam com frequência o Kaddish durante o período de luto ou no aniversário da morte da pessoa. Esta oração é proferida de forma coletiva.

Glorificado e santificado seja o grande nome de Deus no mundo que Ele criou de acordo com Sua vontade.

Que Ele estabeleça o Seu reino em sua vida e durante os seus dias, e no decurso da vida de toda a Casa de Israel, rapidamente e em breve; e dizei, Amém.

Que Seu grande nome seja bendito para sempre e por toda a eternidade.

Bendito e louvado, glorificado e exaltado, exaltado e honrado, adorado e louvado seja o nome do Sagrado, bendito seja Ele, acima de todas as bênçãos e hinos, louvores e consolações que possam ser proferidos no mundo; e dizei, Amém.

Que haja paz abundante emanada do céu, e vida para nós e para todo o povo de Israel; e dizei, Amém.

Aquele que cria a paz em Suas Alturas celestiais, que Ele conceda a paz sobre nós e para sobre todo o Seu povo de Israel; e dizei, Amém.

O Tríduo Pascal

As três primeiras leituras a seguir em geral são lidas durante o Tríduo Pascal: os três dias em que os cristãos ouvem a história de Jesus, que destaca a vida, a morte e a ressurreição. O Sábado de Aleluia – o dia entre os momentos em que os cristãos acreditam que Jesus foi crucificado e ressuscitado – pode ser entendido como uma metáfora para o luto. Os discípulos e amigos de Jesus foram dominados pela dor, pelo medo e pela tristeza. As mulheres tentaram fazer o que era necessário para se manterem ocupadas. Elas não tinham ideia do seu futuro e do que a morte de Jesus significaria. Após a morte de uma pessoa amada, muitos dias são semelhantes ao Sábado de Aleluia.

Depois de ler as ocorrências de cada dia, pondere sobre os dias em torno da morte do seu ente querido.

Sexta-feira: Já era quase a hora sexta, e, escurecendo-se o sol, houve trevas sobre toda a terra até a hora nona. E rasgou-se pelo meio o véu do santuário. Então, Jesus clamou em alta voz: Pai, nas tuas mãos entrego o meu espírito! E, dito isto, expirou. (Lucas 23:44-46)

- A que horas morreu o seu ente querido?
- Durante quanto tempo as trevas caíram sobre você?
- Que papel o seu ente querido desempenhou neste mundo?
- Que outras pessoas também vivenciaram um "escurecimento do sol" em suas vidas depois da morte do seu ente querido?
- Quais foram suas palavras ou pensamentos após a morte?

Sábado: E eis que certo homem, chamado José, membro do Sinédrio, homem bom e justo (que não tinha concordado com o desígnio e ação dos outros), natural de Arimateia, cidade dos judeus, e que esperava o reino de Deus, tendo procurado a Pilatos, pediu-lhe o corpo de Jesus, e, tirando-o do madeiro, envolveu-o num lençol de linho, e o depositou num túmulo aberto em rocha, onde ainda ninguém havia sido sepultado. Era o dia da preparação, e começava o sábado. As mulheres que tinham vindo da Galileia com Jesus, seguindo, viram o túmulo e como o corpo fora ali depositado. Então, se retiraram para preparar aromas e bálsamos. (Lucas 23:50-56)

- Quem foram as pessoas, como José de Arimateia, que ajudaram você depois da morte de seu ente querido?
- Em que dia da semana ocorreu a morte?
- De onde seus amigos e familiares vieram para estar com você?
- Que preparativos foram necessários?
- Que medos ou preocupações você tem sentido, se houver, desde que sua pessoa amada morreu?

Domingo: Mas, no primeiro dia da semana, alta madrugada, foram elas ao túmulo, levando os aromas que haviam preparado. E encontraram a pedra removida do sepulcro; mas, ao entrarem, não encontraram o corpo do Senhor Jesus. Aconteceu que, perplexas a esse respeito, apareceram-lhes dois varões com vestes resplandecentes. Estando elas possuídas de temor, baixando os olhos para o chão, eles lhes falaram: "Por que buscais entre os mortos ao que vive?" (Lucas 24:1-5).

- Com a imaginação da sua fé, como você vê seu ente querido ressuscitado?
- Quais são os lugares onde você mais anseia por ver sua pessoa amada?
- Depois da ressurreição de Jesus, ele apareceu diante dos discípulos e disse: "Paz". O que você gostaria de ouvir seu ente querido dizer para você?
- Descreva os momentos de paz que você compartilhou com seu ente querido. Como seria a paz para você agora?

A Amidá

A Amidá é o núcleo de todo culto judaico. Alguns judeus praticantes recitam-na três vezes ao dia. Amidá significa "de pé"; portanto, a oração é recitada de pé. Essa oração encapsula gratidão, fé, providência e admiração. Fique de pé e leia a oração em voz alta para ouvir a devoção de Deus por você.

Nós Te agradecemos e Te cantamos louvores –
por nossas vidas que estão entregues a Tuas mãos,
por nossas almas que estão depositadas em Ti,
por Teus milagres que nos acompanham todos os dias,
e por Tuas maravilhas e dádivas que estão conosco
a cada momento – dia e noite.

Eu Quero

Este poema, escrito pelo Rabino Shawn Zell, destina-se à ocasião em que alguém se sente incapaz de viver seu luto.

Eu queria poder lamentar o vazio em minha vida
Agora que você se foi, *mas não posso.*
Posso, no entanto, preencher a vida de outras pessoas
Pondo um sorriso em seus corações.

Eu queria poder desfrutar de conversas
E visitas com você, *mas não posso.*
Posso, no entanto, ter conversas significativas
Que são desfrutadas por outros.

Eu queria poder me lembrar de ter passado aniversários
E celebrações com você, *mas não posso.*
Posso, no entanto, fazer questão de passar
Aniversários e comemorações com familiares e amigos.

Eu queria poder me lembrar de você
Como meu exemplo, *mas não posso.*
Posso, no entanto, tentar ser um exemplo para outros
E, assim, viver neles.

Eu queria poder expressar o quanto sentirei sua falta,
mas não posso.

Posso, no entanto, compartilhar meu amor com outros –
na esperança de que meu amor permaneça com eles.

Eu queria poder agradecer a você por fazer parte da minha vida,
mas não posso.
Posso, no entanto, perceber que você me deu vida,
E, por enquanto, isso tem de ser suficiente.

Oração Cristã Pelo Perdão

Eis uma oração que os cristãos rezam, com algumas variações, quando buscam perdoar e ser perdoados.

Nossas preces contínuas em luto estão repletas de pedidos para que nosso coração seja preenchido com conforto e paz. No entanto, deixamos de considerar que o perdão é o próprio fundamento para a paz.

Deus da graça e da misericórdia, Vós conheceis o conteúdo de nosso coração e ainda assim nos amais. Guiai-nos com a firmeza do Vosso amor pelo processo do perdão. Que Vossa luz brilhe na escuridão de nossa ira, ressentimentos e dor. Concedei-nos coragem para que examinemos nosso coração e relacionamentos com santa ternura, enxugai nossas lágrimas para nos lembrar de que estais conosco nesse processo. Direcionai nossos passos para que eles cruzem o limiar da paz que ultrapassa toda compreensão e ingressem na alegria da Vossa salvação. Amém.

O Labirinto

Labirintos de oração, que não são labirintos tradicionais, remontam a mais de quatro mil anos. "O labirinto é um arquétipo, uma marca divina, encontrado em todas as tradições religiosas sob várias formas ao redor do mundo", escreve a Reverenda dra. Lauren Artress. "Caminhar pelo labirinto é uma disciplina espiritual que nos convida a confiar no trajeto, a nos rendermos às muitas reviravoltas que ocorrem na vida, e a atravessar a confusão, o medo, a raiva e o luto que não podemos evitar enquanto vivemos nossa vida terrena." Você pode encontrar um labirinto próximo à sua região, onde poderá caminhar e orar. Ou pode "caminhar" pelo labirinto traçando-o com um dedo de sua mão não dominante. Devagar, deixe seu dedo percorrer o caminho na ilustração, orando enquanto o faz. Defina seu próprio ritmo. O foco deve permanecer no dispêndio do tempo intencional em meditação e não em como fazê-lo do jeito "certo", ou em quando um passo deve começar ou terminar.

Antes de começar – Esvazie-se de tudo o que o mantém afastado do Divino e deixe de lado a necessidade de controlar sua vida. Essa liberação e esvaziamento pode ajudá-lo a se concentrar em determinada pergunta ou preocupação que você deseja levar ao Divino, o que então lhe permitirá ter oportunidades de discernimento.

No centro – Esteja plenamente presente no momento com o Divino e com seu falecido ente querido. É um momento para se empenhar em uma conversa, dedicando tempo para ouvir. Alguns ouvem uma palavra literal, alguns têm visões e outros apenas descobrem uma nova sensação de paz e bem-estar. Alguns sentem uma mudança de perspectiva ou de interpretação, ou descobrem uma nova e aguçada percepção; outros não relatam nenhuma sensação de mudança ou de percepção intensificada. Isso não difere muito de qualquer prática espiritual ou de oração: algumas são poderosas e nos tocam, enquanto outras nos deixam entediados e sem inspiração, com muitas caindo em algum lugar entre esses dois extremos. O que é significativo aqui, como acontece com todas as práticas espirituais, não é o resultado final, mas a busca intencional por estar presente com o Divino e sua pessoa amada.

Retornando – Integre qualquer percepção esclarecedora com gratidão, agradecendo por Deus estar com você, tanto no labirinto como na jornada da vida. Tenha em mente que não entramos no mundo ou saímos do labirinto como a mesma pessoa que éramos quando entramos. Uma transformação começou, quer tenhamos consciência disso, quer não.

Agradecimentos

Minha imensurável gratidão a Valerie Weaver-Zercher, editora de aquisições, por me convidar para escrever este livro, por enxergar o quadro geral de potencial e possibilidades, por usar sua habilidade natural de deslocar parágrafos para onde eles pertencem, e por me encorajar nesse processo. A Abby Perry, editora de desenvolvimento, por suas percepções iluminadoras e sugestões, por sua gentileza mesclada com firmeza, que não deixaram que eu me acomodasse. A Alice Duerksen, minha irmã e editora voluntária, por me amar, corrigir comigo, rir comigo e orar por mim. A Sharon Balch, Wendy Fenn, Liz Harling, Shelley Craig, Susan Ingle e Mike Shaw, ministros, corações, almas e mentes da Faith & Grief, por me ajudarem e me apoiarem. A Tracy DePue, diretora espiritual, por me lembrar que escrever é uma prática espiritual. A Amos Disasa e Meagan Findeis, pastores da First Presbyterian Church, em Dallas, por me doarem seu tempo e amizade. A Connie

Webb, amiga, e a Quote Sleuth, por me enviar artigos e me ouvir enquanto eu desemaranhava ideias. A Clay Brantley, Paul Burns, Brian Hardesty-Crouch e Lil Smith, Wild Mustangs (pastores e diretores espirituais), pelo seu amor, confiança e respeito dentro do nosso grupo. A Barbara Anderson, Wilma Honea, Cyndy Monie, Rita Odom, Barbara Pittenger e Liz Williams, por manterem as cartas embaralhadas e prontas para um carteado. A Margie Hackbarth Grossenbacher Allen, minha tia e defensora, por acreditar. A nossos filhos – Tammy e Rico; Diane e Jim; Omi e Robert; Sara e Ken – por me amarem e me apoiarem. A Natalie, Isabella, Kaya, Trey e Stax, meus netos, por exalarem esperança. E ao tordo-de-peito-vermelho de Bob-eira no quintal, perto da porta do pátio e em caminhadas comigo.

Este livro é dedicado em memória de Barbara Grossenbacher Tilton e Naomi Powers Grossenbacher, minha mãe e minha avó, por sua fé, força e amor que é mais forte do que a morte.

Este livro é uma homenagem a Jo e Michele por sua perseverança, generosidade e deleite com a beleza.

Notas

Capítulo 1

"atribuída a Isak Dinesen": citado em Hannah Arendt, *The Human Condition*, 2ª ed. (Chicago: University of Chicago Press, 2018), p. 175.

***Goraksha*:** Para saber mais sobre o Gorakṣaśataka, o texto inicial do qual deriva essa citação, ver James Mallinson, "The Original Gorakṣaśataka", em *Yoga in Practice*, org. David Gordon White (Princeton, NJ: Princeton University Press, 2011), pp. 257-72.

Capítulo 2

***"morte de seu ente querido"*:** Asa K. Johansson e Agneta Grimby, "Anticipatory Grief among Close Relative of Patients in Hospice and Palliative Wards", *American Journal of Hospice and Palliative Medicine* 29, nº 2 (2012), pp. 134-38.

***"pensamentos suicidas"*:** Kimberly Shapiro, "Grief and Bereavement" (palestra, End of Life Symposium, sediada por Compassionate Choices, 17 de dezembro de 2021).

"morre o corpo": Ketika Garg, "In the Midst of Deep Grief, A Scholar Writes How Hindu Rituals Taught Her to Let Go", *The Conversation*, 1º de outubro de 2020, https://theconversation.com/in-the-midst-of-deep-grief-a-scholar-writes-how-hindu-rituals-taught-her-to-let-go-145370.

"e enterrado": Elder Eugene Harry, "Preparing the Body for the Spirit World", Canadian Virtual Hospice, acessado em 8 de junho de 2022, https://livingmyculture.ca/culture/first-nations/preparing-the-body-for-the-spirit-world/.

"o próprio caminho": Victor E. Frankl, *Man's Search for Meaning* (Boston: Beacon Press, 2006), p. 86.

"pessoa que conta a história": Uri Hasson, citado em Elena Renken, "How Stories Connect and Persuade Us", National Public Radio, 11 de abril de 2020, https://www.npr.org/sections/health-shothots/2020/04/11/815573198/how-stories-connect-and-persuade-us-unleashing-the-brain-power-of-narrative .

"centralize-se": Howard Thurman, *Meditations of The Heart* (Boston: Beacon Press, 1981), p. 28.

Capítulo 3

"transtorno mental": Ann Finkbeiner, "The Biology of Grief", *The New York Times*, 22 de abril de 2021, https://www.nytimes.com/2021/04/22/well/what-happens-in-the-body-during-grief.html.

"sistema imunológico": Para mais informações sobre essa pesquisa, veja Mary-Frances O'Connor, *The Grieving Brain: The Surprising Science of How We Learn from Love and Loss* (Nova York: HarperOne, 2022).

"impulso profundamente social": Robin Fox, "Food and Eating: An Anthropological Perspective", Social Issues Research Center, http://www.sirc.org/publik/foxfood.pdf.

"grupo demográfico": "How Grief and Trauma Can Fuel Addictive Behaviors", Wellness Retreat, acessado em 8 de junho de 2022, https://wellnessretreatrecovery.com/grief-and-trauma/.

"experiência humana": Em seu livro *The Joy of Kindness*, Robert J. Furey atribui essa citação a Pierre Teilhard de Chardin (138). *You'll See It When You Believe It: The Way to Your Personal Transformation*, Wayne W. Dyer, Harper Collins, Nova York, 1989, epígrafe do Capítulo 2, "Thought." Citação atribuída a Pierre Teilhard de Chardin, Wayne W. Dyer, Stephen R. Covey, George Gurdjeff e anônimo. https://quoteinvestigator.com/2019/06/20/spi ritual/.

"não é de uma explicação": Frederick Buechner, *Wishful Thinking: A Theological ABC* (San Francisco: Harper & Row, 1973), p. 46.

"tamanho crescente": Mary Hoff, "Shells Grow by Adding Chambers", Ask Nature, última atualização 18 de agosto de 2016, https://asknature.org/strategy/shell-growth-through-compartmentalization/.

Capítulo 4

"padrão significativo": Diane Ackerman, *A Natural History of the Senses* (Nova York: Vintage Books, e-book 1995), p. 2.

"anos que já vivemos": Citado em Diane Ackerman, *A Natural History*, p. 4.

"amigo Mark Twain": Ackerman, *Natural History*, *e-book*, p. 2.

"dia para o crescimento": Virginia Satir, citada em Christine Comaford, "Are You Getting Enough Hugs?" *Forbes*, 22 de agosto de 2020, https://www.forbes.com/sites/christinecomaford/2020/08/22/are-you-getting-enough-hugs/?sh=220943f768da.

"ser apropriado": "Study: Swedes Hug Anyone Except Their Boss", CBS News, 29 de novembro de 2007, https://www.cbsnews.com/news/study-swedes-hug-anyone-except-their-boss/.

"está dizendo": Ackerman, *Natural History*, p. 230.

"significado é emoção": Kevin Berger, "Ingenious: Lisa Feldman Barrett", *Neuroscience*, 30 de março de 2017, https://nautil.us/ingenious-lisa-feldman-barrett-6010/.

"paciente e bondoso": [Informação sobre o estudo da pesquisa.]

Capítulo 5

"reservar espaço para isso": Naomi Oh, "A Posture of Surrender", *Clerestory Magazine*, acessado em 8 de junho de 2022, https://clerestorymag.com/essays/a-posture-of-surrender.

"transforma em gelatina": Joan Chittister, *Scarred by Struggle, Transfor med by Hope* (Grand Rapids, MI: Eerdmans, 2003), p. 47.

"compartilhadas no livro": Walter Hooper, C. S. *Lewis: A Companion and Guide* (San Francisco: HarperCollins, 1996).

"Não paro de engolir": C. S. Lewis, A *Grief Observed* (Nova York: Harper-One, 2001), p. 1.

"trema para sempre": Tim Lawrence, "Grief and Shame: An Unacceptable Combination," *Huffpost*, 21 de dezembro de 2015, https://www.huffpost.com/entry/grief-and-shame-an-unacceptable-combination_b_8848712.

"sido o seu deleite": Khalil Gibran, "On Joy and Sorrow," em *The Prophet* (Nova York: Knopf, 1923), pp. 12-3.

"mão quente e terna": Henri Nouwen, *The Road to Daybreak: A Spiritual Journey* (Nova York: Image, 1990), p. 157.

Capítulo 6

"a começar por você mesmo": Jacqui Lewis, *Fierce Love: A Bold Path to Ferocious Courage and Rule-Breaking Kindness That Can Heal the World* (Nova York: Convergent, 2021), p. 19.

"fazer amizade com nossos sentimentos": Kristin Neff, *Fierce Self--Compassion: How Women Can Harness Kindness to Speak Up, Claim Their Power and Thrive* (Nova York: HarperCollins, 2021), pp. 31-70.

"bem consigo mesmas": Neff, *Autocompaixão Feroz*.

"cunhou esses termos": Neff, *Autocompaixão Feroz*.

"capacidade de trabalhar para isso": Neff, *Autocompaixão Feroz*.

"custo do compromisso": Colin Murray Parks, *Bereavement: Studies of Grief in Adult Life*, 2ª ed. (Nova York: Routledge, 2009), p. 6.

"a natureza é uma forma de autocompaixão": Yasmina Abou-Hilal, "Self Compassion and Nature", University of Lincoln, https://studentlife.lincoln.ac.uk/2021/09/01/self-compassion-and-nature/.

Capítulo 7

"fazer bem seu trabalho": Cathy Alter, "'Pandemic Grief' Proves Especially Devastating and Complex for Many in Mourning, Health Experts Say", *Washington Post*, 28 de março de 2021, https://www.washingtonpost.com/health/pandemic-grief-lastingbereavement/2021/03/26/18ce5878-8be8-11eb-9423-04079921 c915_story.html.

"passagem do tempo": Citado em Alter, "Pandemic Grief".

"estado de alerta intensificado": Julianne Holt-Lunstad, "The Double Pandemic of Social Isolation and COVID-19: Cross-Sector Policy Must Address Both," Health Affairs Forefront, 22 de junho de 2020. https://www.healthaffairs.org/do/10.1377/forefront.2020060 9.53823/.

"profunda e intensamente libertador": Sobonfu Somé, "Embracing Grief: Surrend ering to Your Sorrow Has the Power to Heal the Deepest of Wounds," http://www.sobonfu.com/articles/writings-by-sobonfu-2/embracing-grief/.

"com 693 tiroteios em massa": Jac lyn Diaz, "27 School Shootings Have Taken Place So Far This Year", *National Public Radio*, May 25, 2022, http://www.npr.org/2022/05/24/1101050970/2022-school-shootings-so-far.

"causar dor a mim": Albert Y. Hsu, *Grieving a Suicide: A Loved One's Search for Comfort, Answers, and Hope* (Downers Grove, IL: InterVarsity Press, 2017), pp. 11-48.

"incerteza e ansiedade": Karan Johnson, "The Surprising Power of Daily Rituals," BBC, 14 de setembro de 2021, https://www.bbc.com /future/article/20210914-how-rituals-help-us-to-deal-with-uncertainty-and-stress.

"com *outras pessoas*": Henri J. M. Nouwen, *Out of Solitude: Three Meditations on the Christian Life* (Notre Dame, IN: Ave Maria Press, 2004), p. 195.

Capítulo 8

"destrói a unidade familiar": Patricia Ennis, "Is Forgiveness Practiced in Your Home?", *Everyday Homemaker*, 17 de março de 2014, http://www.everydayhomemaker.com/the-art-of-homemaking/20114/3/6/is-forgiveness-practiced-in-my-home/.

"disse ou não fez": Litsa Williams, "Grief & Forgiveness Part One", *What's Your Grief* (blog), https://whatsyourgrief.com/grief-and-forgiveness/.

"curamos o mundo": Desmond M. Tutu e Mpho A. Tutu, *The Book of Forgiving: The Fourfold Path for Healing Ourselves and Our World*, org. Douglas C. Abrams (Nova York: HarperOne), p. 76.

"poder do pedido de desculpas": "W.A.I.T. – Why Am I Talking?" TED*THE EMPOWERMENT DYNAMIC, 26 de maio de 2017, originalmente publicado em agosto de 2015, https://powerofted.com/w-a-i-t-why-am-i-talking-1/.

"artigo publicado na* Psychology Today*": Aaron Lazare, "Go Ahead, Say You're Sorry", *Psychology Today*, janeiro de 1995, revisado pela última vez em 9 de junho de 2016, https://www.psychologytoday.com/us/articles/199501/go-ahead-say-youre-sorry.

"Obrigado. Eu amo você": Ira Byock, *The Four Things that Matter Most: A Book about Living* (Nova York: Atria Books), p. 46.

"divindade encarnada": C. G. Jung, *Memories, Dreams, Reflections*, trads. Richard e Clara Winston (Nova York: Vintage Books, 1989).

Capítulo 9

"em sua ausência": Thomas Attig, *How We Grieve: Relearning the World*, ed. rev. (Nova York: Oxford University Press, 2011), p. xiii.

"valor eterno dessas vidas": Attig, *How We Grieve*, pp. 179-80.

"sofrer de maneira mais eficaz": David Chernikoff, "Poison into Medicine," *Spirituality & Health*, janeiro e fevereiro de 2022.

Capítulo 10

"juntar-se a você lá": Elizabeth Liebert, *The Way of Discernment: Spiritual Practices for Decision Making* (Louisville: Westminster John Knox Press, 2008), p. 30.

"capaz de viver": Nelson Mandela, citado por Henrik Edberg, "Nelson Mandela's Top 9 Fundamentals for Changing Your World", *Positivity Blog*, atualizado pela última vez em 15 de abril de 2021, https://www.positivityblog.com/nelson-mandelas-top--9-fundamentals-for-changing-your-world/.

"sua paixão": Perryn Rice, sermão.

"valor é a morte": Ingrid Betancourt, *Even Silence Has an End: My Six Years of Captivity in the Colombian Jungle*, trans. Alison Anderson (Nova York: Penguin Press, 2011), p. 143.

"ela é gentil": J. Ruth Gendler, *The Book of Qualities* (Nova York: HarperPerennial, 1988), p. 12.

"realmente viver": Ann Voskamp, *One Thousand Gifts: A Dare to Live Fully Right Where You Are* (Grand Rapids: Zondervan, 2011), p. 84.

"afastam de Deus": St. Ignatius of Loyola, *Spiritual Exercises of St. Ignatius* (Digireads.com Publishing, 2015), pp. 316 e 317.

Recursos

"vida terrena": Lauren Artress, Creative Pilgrimage website, acessado em 8 de junho de 2022, https://www.creativepilgrimage.com/labyrinths.